KB107721

마광수의 인문학 비틀기

마광수의 인문학 비틀기

마광수 지음

• 서시(序詩) •

원반던지기의 인상(印象)

— 원반은 드디어 하늘로 들어 올려졌다…… 하늘 위에는 구름이 날았고, 파닥이는 의식(意識)으로 하여 하늘은 새의 울음을 울었다. 부풀어 오르는 대기(大氣)는 스며드는 자유를 붙잡았다.

— 사람들은 계속되는 신(神)의 음성에 피곤하였었다…… 천 년, 이천 년, 머언 개벽(開闢)의 아침부터 막혀 있던 샘물은 이제금 다시 터져 우렁찬 목소리로 흘러내리기 시작했다. 사람들은 하늘 그 너머로 떠들썩한 희망의 문(門)을 밀어 올리며, 새로운 내일을 가교(架橋)해 나가기 시작하였다.

원반을 들어올린 사람들의 팔뚝 사이로 고대(古代) 에게 해(海)의 기운이 다시금 솟아올랐다!…… 뻗어가는 생명의 빛으로 하여 맥박은 펄떡였다.

— 계속 원반은 날아올랐다!…… 태양에 가까와져 보려는 습성으로! 온갖 주위의 사물들도 날아올랐다. 제 자신에, 꿈과 현실의 틈바구니에서 지쳐버린 본능에, 그리고 자존심 섞인 의지에! 열정은 숨 가쁘게 대지 사이로 퍼져간다. 온 세계의 광장들, 빌딩들, 고목(枯木)들은 서서히 움직거려 고무풍선처럼 부풀어 오른다. 고독한 사람들의 눈은 대지(大地) 이상의 감미로운 안도감으로 빛나기 시작한다.

영겁의 끝을 오가던 사람들은 마음 속 깊은 곳으로부터 흘러나오는 듯한 구원의 소리를 듣는다…… 생명은 사람들 사이에 눈부실 만큼의 무게로 파고들었다.

2014년 9월

마광수(馬光洙)

차례

Part 1 거꾸로 보면 어때?
: 동양 사상가들, 뒤집어 다시 보기

Part 2 너도 빠져 봐!
: 달콤한 착각에 빠진 서양 사상가들

Part 3 나만 잘났어!
: 너무 먼 곳만 바라보던 동·서양 사상가들

Part 4 망치를 들자!
틀을 깨뜨리기 혹은 틀에 갇히기

Part 1

거꾸로 보면 어때?

: 동양 사상가들, 뒤집어 다시 보기

공자

장자

주자

양주

순자

철저한 정치 만능주의자였던 공자

공자가 힘주어 강조하고 있는 것이 바로
충효사상이다. 이는 수직적 복종만을 강요한
봉건윤리의 극치라고 볼 수 있다. 그래서 그런지
일제강점기의 탁월한 역사가인 신채호는
경전들을 불태우고 유생들을 생매장시킨
진시황의 분서갱유를 오히려 찬양하고 있다.

공자는 항상 성군(聖君)에 의한 왕도정치(王道政治)를 꿈꾸었다(왕도정치의 이론을 완성시킨 것은 맹자다). 그러니까 철인독재(哲人獨裁)를 주장한 플라톤과 한통속이라고 볼 수 있다. 하지만 성군이 어찌 그리 쉽게 출현할 수 있겠는가? 그러므로 공자의 정치사상은 일종의 공상적 유토피아니즘에 속한다.

◈

사실 공자가 살았던 중국의 춘추전국시대는 백가쟁명(百家爭鳴)식의 언로(言路)가 트인 개방사회였다. 그러나 공자는 바보스럽게도 그것을 '혼란'으로 인식하고 주(周)나라 시대 초기의 독재체제를 그리워했다. 철저한 복고주의라고 할 수 있다. 그는 언제나 "옛날이 좋았다"고 읊어대며 다양한 사상과 철학이 공존하는 당대의 현실을 '난세'로 보아 불만스러워했다.

◈

그러나 공자가 바라던 대로 황제 중심의 일사불란한 통치가 이루어졌던 한무제(漢武帝) 시대 이후의 중국은 유교사상만 인정되고 다른 사상들은 철저히 배척됐던, 숨 막히는 언론통제가 실시된 폐쇄사회였다. 유교는 '사상'의 범주를 벗어나 '독재 이데올로기'로만 기능했던 것이다. 마치 기독교를 국교로 정해 국민들에게 강제했던 콘스탄티누스 황제 이후의 로마 제국과 흡사하다.

◈

또한 공자는 철저한 계급주의자로서, 각 개인의 사회적 신분에 대해 체념적으로 복종하라고 권고하고 있다. 말하자면 '수분안족

(守分安足)'하는 삶이 행복한 삶이라고 가르쳤던 것이다. 수분안족하는 삶이란 '분수를 지켜 만족하는 삶'인데, 그야말로 지배계급의 착취와 명령에 묵묵히 따라가는 노예적 삶을 말한다. 정말로 반(反)민주적 발상이라 하지 않을 수 없다.

◈

그는 평생토록 주유천하하면서 현실정치가가 되길 원했다. 그가 벼슬살이를 했던 것은 딱 한번 노(魯)나라의 대사구(지금의 법무장관)가 되었을 때뿐인데, 그 뒤 실각하고 나서 다시 한번 더 벼슬살이를 해보는 것이 그의 소원이었다. 그가 제자들을 가르친 것은 차선의 선택이었을 뿐이다. 그러므로 그는 진정한 학자라고 볼 수 없다. 요즘 말로 하면 '정치 교수'쯤 될 것이다.

◈

공자가 자주 군자(君子)와 소인(小人)을 구별하여 말한 것은, 덕(德)이 있고 없음에 따라 나눈 구별법이 아니다. 군자는 사대부(양반)를 가리키고 소인은 서민(상놈)을 가리킨다.

◈

그는 늘 '배움(學)'을 강조하고 있는데 그것은 일반 민중들에겐 해당사항이 아니었다. 당시에 문자를 아는 사람은 전 인구의 5퍼센트 정도밖에 되지 않았다.

◈

그러므로 공자가 『논어』 초두에 "학이시습지 불역열호(學而時習之 不亦說乎: 배우고 때때로 익히는 것이 가장 기쁜 일이다)"라고 말한 것은 지배 엘리트들에게만 적용되는 귀족주의적 발언이라고 볼 수밖에 없다.

◈

공자는 늘 '예(禮)'를 강조한다. 그러나 지나친 '예'의 강조는, 우리나라 조선조 후기의 치열한 당파싸움이 민생(民生)에 대한 것이 아니라 오직 예송논쟁, 즉 상법(喪法)에 대한 것이었다는 점을 상기할 때, 쓸데없는 소모전만 야기하는 헛된 짓거리였다는 것을 알 수 있다.

◈

흔히들 공자를 교조로 모시는 유교는 절대자인 '신(神)'이 없으므로 종교가 아니라고 말한다. 그러나 유교도 어엿한 종교다. 유교가 받드는 신은 '조상 신(神)'이었다. 부모가 죽으면 3년간 시묘살이(무덤 곁에 상주하며 매일 제사를 받드는 것)를 해야 할 만큼이나 유교 신자들은 조상에 억눌려 비참한 삶을 살아야 했다.

◈

공자의 가르침은 또한 허황된 공리공론으로만 일관하는 주자학(성리학)의 모태 역할을 해주었다는 점에서 책임을 면하기 어렵다. 조선왕조는 오직 주자학 일변도의 편협한 이데올로기만 떠받들었기 때문에 속절없이 망할 수밖에 없었다.

◈

공자의 사상은 또한 철저한 여성차별을 당연시하고 있어 문제가 된다. 그는 소인과 여자는 가까이하지 않는 게 좋다고 가르쳤다. 그래서 후에 가서 '남녀칠세부동석'의 교리가 정착되어 자유연애를 철저히 통제하게 되었다. 결혼은 당사자의 의사와는 무관하게 오직 양가 부모간의 합의로만 이루어졌다.

그리고 남자에겐 축첩의 자유를 주고 여자에겐 오직 정절만 강요했다. 여자들의 한 맺힌 눈물로 얼룩진 역사가 바로 유교를 국교로 삼았던 조선왕조시대의 역사였다.

◈

공자가 힘주어 강조하고 있는 것이 바로 충효사상이다. 이는 수직적 복종만을 강요한 봉건윤리의 극치라고 볼 수 있다. 그래서 그런지 일제강점기의 탁월한 역사가인 신채호는 경전들을 불태우고 유생들을 생매장시킨 진시황의 분서갱유를 오히려 찬양하고 있다.

◈

공자 사상에서 칭찬할만한 것을 꼽는다고 할 때, 가장 첫 번째로 꼽을 수 있는 것은 그가 죽음 이후의 문제에 대해 언급하는 걸 회피했다는 점을 들 수 있다. 그는 "삶을 아직 모르는데 어찌 죽음을 알랴?"고 제자에게 답하며 어설픈 형이상학을 거부하고 있다.

◈

예수나 석가가 죽음 이후의 문제를 왕왕 거론했던 것과 비교할 때, 공자의 사상에는 확실히 실용주의적인 측면이 있다.

◈

또한 공자는 귀신의 존재에 대해서도 말하지 않았다. 이는 일체의 미신을 경계한 것으로서, 현대의 인문학적 사유와 밀접하게 연관되어 있다.

◈

공자는 "정치란 바른[正] 것이다"라고 하여 일체의 권모술수를 부정하였다. 이것은 마키아벨리즘과 확연히 구별된다. 그리고 정치가가 할 일은 풍족한 경제와 튼튼한 국방, 그리고 민중들의 신망을 얻는 것 세 가지라고 하였다.

그런데 이중에서 '민중들의 신망'을 첫 번째 자리에 올려놓은 것은, 우리가 전두환 정권을 말할 때 88서울올림픽 유치 업적을 들어 그를 기리는 것에 쐐기를 박는 역할을 해준다. 전두환 정권은 '민신(民信)'에는 신경을 쓰지 않고 극빈자의 희생을 전제로 하는(올림픽을 위해 빈민가가 무자비하게 철거되었다) 독단적 국위 선양 정책만을 밀고나갔기 때문에 결국에는 물러날 수밖에 없었다.

그리고 공자는 '인(仁)'과 '서(恕)'를 강조하였다. 인(仁) 자(字)를 나누면 '두 사람'이 되고, 서(恕) 자(字)를 나누면 '같은 마음'이 된다. 인간이 사회적 동물로서 서로 이해하고 용서하며 살아가라는 뜻이다.

◈

이것은 물론 처세훈으로서는 훌륭하지만, 장자가 '개인적 인간'과 '자연적 인간'을 강조한 것과는 뚜렷이 구별된다. 자칫하면 사람을 사회의 예속물로, 또는 집단주의의 예속물로 전락시킬 우려가 있는 발상이라고 볼 수 있다.

◈

요약하자면 공자는 정치에서는 '정(正)', 경제에서는 '안(安)', 사회에서는 '신(信)', 문화에서는 '성(聖)'을 강조하였다.

그런데 다른 것은 다 좋으나 문화의 지상목표를 '성(聖)'에다 두는 것은, 모든 문화적 창작물은 반드시 '도덕적 교훈'을 목표로 삼아야 한다는 것을 암시해주고 있어 '개성적 변태'를 억압하는 역할을 할 우려가 있다. 문화의 발전은 '권태 → 변태 → 창조'의 순서를 따르고 있기 때문이다.

◈

공자의 정치철학을 4자성어로 요약한다면 '제세구민(濟世救民)'이라고 할 수 있다. 그런데 이런 정치철학은 자칫하면 엘리트 독재주의로 흐를 수도 있어 위험한 것이다.

◈

20세기의 괴물인 히틀러 역시 '제세구민'을 들고 나와 국민들의 광적(狂的)인 지지를 이끌어냈다. 또한 그 전에 프랑스의 나폴레옹 역시 비슷한 유형의 정치가라고 볼 수 있는데, '완벽한 인격'을 가진 정치가를 전제로 하는 공자의 정치철학은 어쩐지 현실과는 괴리가 있어 보인다. 그래서 나는 지금의 한국도 대통령중심제에서 내각책임제로 바꾸는 것이 한결 낫다고 본다.

◈

공자는 말하자면 정치만능주의자였다. 그러나 정치만능주의는 자칫하면 경제와 문화를 소홀히 여길 우려가 있다는 점에서 많은 문제점을 가진다. 정치·경제·문화가 삼권분립을 이룰 수 있는 사회가 가장 바람직한 사회인 것이다. 그런 점에서 나는 차라리 아나키즘(무정부주의)이 낫다고 본다.

◈

공자가 비록 노예경제사회에서 살아간 사람이라 할지라도, 그가 외친 휴머니즘의 정신에 비추어 볼 때, 그가 노예(노비)들의 비참한 삶에 대해 전혀 언급하고 있지 않다는 점에서 그는 역시 완벽한 민주주의자는 못 된다는 것을 알 수 있다. 이것은 플라톤도 마찬가지이고, 미국독립전쟁(미국혁명) 때의 '인권주의 사상'도 마찬가지이다.

◈

중국 역사에서 유교는 줄곧 여당 역할을 했다. 그러나 야당 역할을 하는 도교(노자와 장자를 교조로 하는)가 있어 여당의 독주를 견제할 수 있었다.

그러나 유교를 통치이념으로 받아들인 우리나라 조선조 시절에는 도교를 탄압하여 야당 없이 여당의 독주만 있어 결국 스스로 자멸할 수밖에 없었다.

중국을 통일하고 공산주의 국가로 만든 모택동은 줄곧 '비공(批孔, 공자 비판)'을 외쳤다(문화혁명 때 특히 심했다). 그렇지만 자본주의가 진행되고 있는 지금의 중국에서는 공자사상을 다시 독재 이데올로기로 수용하고 있다. 그것은 물론 특정한 엘리트 관료독재를 합리화하기 위한 것인데, 그로 인해 심한 빈부격차와 양극화현상이 초래되고 있다. 이는 우리가 공산주의를 수용하지 않는 한도 안에서 필히 참고해야 할 사항이다.

2

원시에 대한 낭만적 향수를 지녔던 **장자**

장자는 한마디로 말해서 태고의 원시시대를 그리워하고 있다. 그러나 자연 그대로의 원시 상태는 처절한 약육강식의 장(場)이었을 뿐, 절대로 평화롭지 못했다. 윌리엄 골딩의 소설 『파리 대왕』에서 보여주는 것처럼, 순진해 보이는 소년들을 자연 그대로 내버려두자 금세 아비규환의 아수라장으로 변해버렸다. 이것이 바로 '실존적 현실'인 것이다. 장자는 순진한(또는 어리석은) 낭만주의자였는지도 모른다.

중국인들의 사고방식을 둘로 나눈다면 유가형(儒家型)과 도가형(道家型)으로 나눌 수 있다. 공자를 대표로 하는 유가형의 사고는 엄숙주의다. 그런 생각은 중국의 윤리·교육·정치 등 구체적인 현실 세계를 지배하였다.

한편 장자를 대표로 하는 도가형의 사고는 자유주의다. 그런 생각은 중국의 문학·예술·사상 등 인간의 내면세계에 많은 영향을 미쳤다.

장자의 사상을 대표적으로 나타내는 말은 다 아는 바와 같이 '무위자연(無爲自然)'이다. 서양의 루소가 말한 "자연으로 돌아가라"라는 말과 일맥상통하는 말이라 하겠다.

자연 그대로 살아야 화(禍)를 당하지 않는다는 장자의 생각은, 요즘같이 환경파괴가 극도에 다다라 온난화 현상 등으로 지구가 몸살을 앓고 있는 시점에서 보면 자못 의미심장한 교훈을 준다 하겠다.

그런데 과연 '무위자연' 하나만으로 모든 문제를 해결할 수 있을까? 이를테면 치아가 썩어 극심한 통증에 시달릴 때 이를 뽑아내지 않고 썩은 치아를 그냥 내버려둬도 될까? 그리고 신체부상자들에게 현대의학에서처럼 재활치료를 하지 않고 그냥 내버려두는 것이 최선일까?

장자는 한마디로 말해서 태고의 원시시대를 그리워하고 있다. 그러나 자연 그대로의 원시 상태는 처절한 약육강식의 장(場)이었을 뿐, 절대로 평화롭지 못했다. 윌리엄 골딩의 소설 『파리 대왕』에서 보여주는 것처럼, 순진해 보이는 소년들을 자연 그대로 내버려두자 금세 아비규환의 아수라장으로 변해버렸다. 이것이 바로 '실존적 현실'인 것이다. 장자는 순진한(또는 어리석은) 낭만주의자였는지도 모른다.

◈

장자 사상의 영향을 받았는지의 여부는 잘 모르겠으나, 한방의학은 내과질환과 만성질환에서는 서양의학보다 훨씬 더 우수한 면을 내포하고 있다. 그래서 미국 같은 곳에서는 항생제의 과용 등으로 현대의학에 대한 반성이 일어나 '대체의학'이 요즘 각광을 받고 있다. 대체의학이란 별다른 것이 아니라 병을 천연 약초로 치료하는 것을 말한다. 다시 말해서 한방의학의 우수성을 인정하기 시작한 것이다.

그러나 외과적 질환과 응급의학 면에 있어서는 한방의학은 도저히 서양의학을 따라갈 수 없다. 당장 수술을 해야 하는 병(이를

테면 급성 맹장염이나 교통사고 같은) 등에 있어 한방의학은 속수무책인 것이다.

◈

나는 몇 년 전에 갑작스런 위 천공으로 위출혈을 일으켜 길을 가다 졸도한 적이 있다. 그때 주변 사람들이 119 구급대를 불러주지 않았다면 나는 죽을 수밖에 없었다.

또한 내가 평생토록 고생하고 있는 치과 질환 역시 한방의학에는 일시적 진통제밖에 없고, 보철치료나 보존치료 등에 대한 이론이 전무(全無)하다.

◈

그러므로 '무위자연'의 삶이란 공상적 유토피아에 불과할 뿐이지 실생활에 적용시킬 수 있는 실용주의적 처방은 되지 못한다.

◈

우리가 장자한테서 배울 수 있는 최대의 교훈은, "정치권력에 집착하지 말고 혼자서 자유롭게 살아라"라는 교훈이라고 할 수 있다.

장자가 현명하다는 말을 듣고 어느 제후(왕)가 장자에게 재상 자리를 주겠다며 그를 초빙하자, 그는 "잘 먹여 살을 찌운 다음 제사 때 희생 제물로 쓰이는 짐승이 되기는 싫다"고 말하며 벼슬살이를 거부했다. 정치판에 뛰어들면 결국에 가서 최고 통치자에게 미움을 받아 사형수가 될 수밖에 없다는 얘기였다.

◈

장자의 초연한 행동은 일단 고위직의 벼슬을 살다보면 반드시 귀양을 가게 되거나 목숨을 잃을 위험이 있는데도, 기를 쓰고 벼슬을 탐했던 조선왕조시대의 선비들을 생각하게 한다.

◈

『장자(莊子)』(또는 '남화진경') 책에는 공자를 비웃는 글이 자주 등장한다. 벼슬을 구걸하러 다니는 공자가 먹을 것을 찾아다니는 비루먹은 개 같다는 말까지 나온다.

그러나 정치가 일종의 '필요악'이라고 볼 때, 장자의 정치무용론은 너무나 소박한 이상주의로 보인다.

◈

함석헌은 「들사람 얼(野人精神)」이라는 글에서 들사람의 대표자 격으로 장자를 꼽는다. '들사람'이란 명리(名利)를 탐하지 않고 초야에 묻혀 사는 지식인을 가리키는데, 실제로 그런 사람이 되기는 쉽지 않다.

◈

그러므로 장자는 출세욕에 사무쳐서 속된 삶을 살아가는 이들로 넘쳐나는 혼탁한 우리 사회에 경종을 울려주는 일종의 '상징' 역할을 해준다. 그렇지만 그것에 그칠 뿐, 모든 사람들이 다 장자 같은 삶을 살아간다면 그 사회는 퇴락의 길로 접어들 수밖에 없을 것이다. 새로운 과학적 발명(즉 人工的인)이나 발견이 이루어질 수 없기 때문이다.

『장자』에는 세속적인 도덕과 윤리를 비웃는 얘기가 많이 나와 읽는 이에게 통쾌한 느낌을 가져다준다. 그 중 하나가 "사과 한 개를 훔치면 도둑이 되지만, 나라를 훔치면 왕이 된다"는 말이다.

장자는 또한 꿈과 현실의 구별이 의미 없음을 비유를 통해서 말해주고 있다.

"나는 꿈속에서 나비가 되었다. 그런데 꿈을 깨고 나니 나는 나비가 아니라 장주(莊周: 장자의 원래 이름)였다. 내가 꿈을 꿔서 나비가 된 것인가, 아니면 나비가 꿈을 꿔서 내가 된 것인가?"

◈

현실과 환상이 겹쳐진 세계, 그것은 요즘 예술(특히 문학과 영화)에서 자주 소재로 애용하는 '판타지적(的) 상상력'을 미리 예견하고 있었다는 말이 된다. 그런 점에서 장자의 사유(思惟)는 탁월한 낭만주의다.

◈

그가 꿈을 가지고 얘기한 것 하나만 더 예로 들어보자. 어느 나라의 왕은 매일 밤 꿈속에서 거지가 된다. 그런데 그 나라의 어느 거지는 매일 밤 꿈속에서 왕이 된다. 두 사람의 팔자는 서로 똑같다고 볼 수 있다고 장자는 말했다.

이것이 장자가 익살스럽게 가르쳐주는 '꿈과 현실의 불가분성(不可分性)'인 바, "꿈이 없는 현실은 무의미한 것이고, 꿈과 현실은 분리되지 않는다"는 의미심장한 성찰이라고 볼 수 있다. 앞으로 과학이 더 발달하게 되면 꿈(판타지, 상상 등)을 실제화 할 수 있는 장치가 개발될 것 같은 예감이 든다.

◈

장자는 공자처럼 자잘한 예(禮)에 구애받지 않았다. 그래서 그의 아내가 죽었을 때 생사일여(生死一如)라고 말하며 질탕하게 술자리를 벌였다. 그의 호연지기가 새삼 부러워지는 대목이다.

그러나 장자는 평범한 범인(凡人)이 도저히 따라갈 수 없는 초월적 삶을 살았다. 또한 공자와 맹자의 사상이 있었기 때문에, 노자와 장자의 사상도 빛이 날 수 있었던 것이다. 모두가 장자처럼 '절대 자연인으로서의 삶'을 살아갈 수는 없다. 그래서 그런지 『장자』라는 책이 나에게는 사상서라기보다 문학 작품으로 읽힌다.

나는 사실 '자연미'보다는 '인공미(人工美)'를 더 좋아한다. 화장이나 치장을 적극적으로 해서 생겨나는 것이 인공미다.

그래서 자기 얼굴에 대해 심한 콤플렉스를 갖고 있을 경우, 그냥 자연 그대로 내버려두는 것보다는 성형수술(물론 실력 있는 의사에게서 해야 한다)을 해서라도 스스로의 미적(美的) 자존감을 높이는 것이 훨씬 낫다고 본다. 짙은 화장이나 요란한 치장을 과감하게 시도하기만 해도 외모에 자신감이 생긴다.

◈

흔히들 성형수술을 쓸데없는 사치라고 말하지만, 성형수술엔 미용성형만 있는 것이 아니다. 얼굴에 화상을 입었을 때는 반드시 성형수술의 도움을 받아야 하고, 보기 흉한 언청이로 태어났다면 역시 성형수술의 도움을 받아 제대로 된 얼굴을 갖도록 해야만 한다.

치아 교정 한 가지만 시도하더라도 많은 남녀들이 자기 얼굴에 대한 심한 콤플렉스에서 벗어날 수 있다. 따라서 장자가 권하는 '무위자연'의 삶이 반드시 최선은 아닌 것이다.

◈

공자와 장자의 사상을 단순하게 비교해보면, 공자는 도덕을 강조했고 장자는 본능을 강조했다고 볼 수 있다. 중국 사상의 역사는 유가와 도가의 양립구조에 의해 그 어느 쪽으로도 쏠리지 않고 평형상태를 유지할 수 있었다. 여기에 한 가지를 덧보탠다면 불교의 허무주의를 꼽을 수 있을 것이다.

◈

반면에 우리나라 사상계의 역사는 이 3자(者)가 상호조화를 이루지 못하고 늘 어느 한쪽으로만 쏠려 있어 이전투구를 계속해 나갈 수밖에 없었다. 말하자면 다원주의를 유연성 있게 수용하지 못했던 것이다.

◈

공해를 없앨 수 있는 방법은 원시상태로 되돌아가는 것이 아니라, '환경공학'을 더욱 발달시켜 문명과 자연의 조화를 이루는 것이다. 막연하게 '자연으로의 회귀'를 외치는 것은 인류복지에 별로 도움이 안 된다.

◈

인류는 역사적으로 볼 때 온갖 전염성 질환에 시달렸다. 그러다가 '세균(병균)'의 발견이 서구에서 이루어졌고, 우리는 수많은 전염병에서 해방되어 평균수명이 연장될 수 있었다. 장자 중심의 동양 사상을 무조건 옹호하는 사람들은 이 점을 분명하게 인정해야 한다.

◈

나의 경우, 『장자』라는 책은 돌연한 삶의 변고를 당했을 때, 이를테면 내가 쓴 소설로 인해 필화사건에 휘말려 감옥으로 가고 또 직장(대학)에서도 해직됐을 때, '마음의 위안'을 주는 서적으로 기능했다. 『장자』가 '제도권에서 밀려난 삶'을 합리화 시켜주고 위무해 주었기 때문이다. 그런 면에서 볼 때 장자의 사상은 우수한 심리치료사 역할을 해준다고도 볼 수 있다.

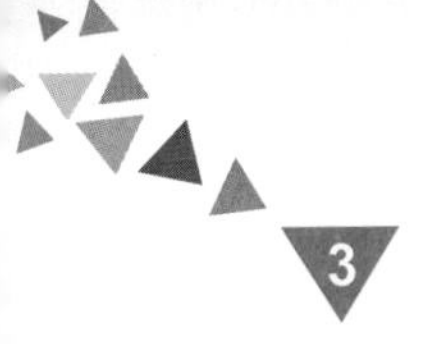

3 허망스런 공리공론으로 일관한 **주자**

주자는 '이(理)'가 모든 물리적 현상의 원동력이 된다고 보아, '이'가 있은 연후에야 '기(氣)'가 생성된다고 주장했다. '이'는 플라톤이 상정한 '이데아'와 쌍둥이가 되는 개념이라고 할 수 있다. 나아가 데카르트, 칸트, 헤겔 등이 내세운 '이성'과도 속뜻이 통한다. 그리고 '기'란 물질 또는 에너지를 가리키는 말이다.

주자(朱子)는 중국 남송(南宋) 시대의 학자로서, 이름은 주희이다. 우리에게 친숙하게 들리는 이른바 '주자학'을 집대성한 사람으로, 주자학은 공자가 시작한 유학을 형이상학으로 발전시켜 '성리학(또는 도학[道學], 이학[理學])'이라는 학문으로 정립하였다.

◈

공자가 학술적 체계를 세우고 그것을 맹자가 한층 더 확장시킨 원시유교에는 형이상학적 요소가 전혀 없었다. 그런데 주자는 유교이론에 형이상학적 개념인 '이(理)'와 '기(氣)'를 추가하여 공리공론에 불과한 성리학으로 변조시켰다. 우리나라 조선왕조는 주자의 학문을 일종의 국교로 삼아 실학의 발전을 가로막았고, 그래서 허망하게 멸망하기에 이른다.

◈

주자는 '이(理)'가 모든 물리적 현상의 원동력이 된다고 보아, '이'가 있은 연후에야 '기(氣)'가 생성된다고 주장했다. '이'는 플라톤이 상정한 '이데아'와 쌍둥이가 되는 개념이라고 할 수 있다. 나아가 데카르트, 칸트, 헤겔 등이 내세운 '이성'과도 속뜻이 통한다. 그리고 '기'란 물질 또는 에너지를 가리키는 말이다.

◈

우리나라 조선왕조시대에는 주리론(主理論)과 주기론(主氣論)이 서로 다투다가 세월을 보내게 된다. 주리론자의 대표적 학자는 이퇴계이고, 주기론자의 대표적 학자는 이율곡이다. 그리고 서경덕(화담)도 주기론자에 속한다.

◈

주자는 우주를 주관하는 불변의 이(理)가 있다고 주장하였다. 플라톤의 '이데아' 개념과 완전히 한통속이 되는 개념으로서, 실재(實在) 또는 본체(本體) 등으로 번역될 수 있는 개념이다. 기독교에서 말하는 '로고스'와도 상통하는 개념이라 하겠다. 또는 불교의 유심론(唯心論)과도 비슷하여, 유물론과 완전히 반대가 되는 개념이라고 할 수 있다.

◈

또한 주자는 유교의 경전인 4서('논어' '맹자' '대학' '중용')에 자세한 주석을 달아 『사서집주(四書集註)』라는 책을 저술했다. 이 책은 주자 이후의 중국은 물론이고, 우리나라 고려시대 중엽부터 조선조시대 말엽까지 일종의 '성서(聖書)'처럼 떠받들어지게 된다. 특히 유교를 국교로 삼았던 조선조 시절에는, 『사서집주』에 의문을 제기하는 학자들이 모두 '이단'으로 취급되어 죄값을 치르기까지 했다.

주자는 또한 예법(禮法)을 중요시하여, 사람들의 일거수일투족에까지 세세한 규칙을 정해놓아 백성들을 숨 막히게 했다. 이를테면 이런 것이 대표적 예가 되겠다. "어른 앞에서는 무엇을 먹을 때 반드시 씹는 소리가 나지 않게 하고, 음식을 천천히 목구멍으로 넘기며, 음식 냄새를 맡는 소리를 내지 말아야 한다." 참으로 쪼잔하지 않은가?

◈

'이'가 먼저냐 '기'가 먼저냐 하는 걸 따지는 것은 사실 실제 생활에 전혀 도움이 되지 않는다. 그런데도 중국과 우리나라 조선조 시절에는 그런 공허한 말장난(또는 말싸움)으로 사회지도자들이 세월을 허비하였다.

그래서 나는 지금 우리나라 지폐에 이율곡과 이퇴계의 얼굴이 그려져 있다는 것이 참으로 통탄스럽다. 게다가 그런 지폐가 만들어진 뒤에 가서 이율곡의 모친인 신사임당의 얼굴까지 지폐에 그려졌다. 대한민국이 마치 조선왕조시대의 낡아빠진 사상을 그대로 계승하고 있는 것처럼 되어버린 셈이다.

조선왕조가 공허한 주자학이론 때문에 망해버렸다는 걸 잘 알면서도 왜 지폐에까지 그 시대를 상징하는 인물의 초상을 그려 넣어야 한단 말인가? 외국에는 작가나 미술가나 과학자 등의 초상이 들어가 있는 지폐도 많은데 말이다.

◈

주자가 생존했던 중국 남송 시대는 이민족 세력(금나라)에 밀려 한족이 세운 송나라가 양자강 남쪽으로 후퇴하여 겨우 명맥을 보존하고 있던 비상시국이었다. 마치 임진왜란 직전의 조선왕조처럼 말이다. 그런데도 주자는 허구한 날 공리공론만 외쳐대어 결국에 가서는 남송마저 멸망해 버리게 된다. 유생(儒生)들이 극성을 떨며 개화에 반대하다가 대한제국이 멸망해버린 것도 이와 비슷한 경우라고 볼 수 있다.

굳이 이(理)·기(氣)를 갖고 따진다면 나는 기(氣)가 이(理)보다 먼저이고 더 중요하다고 본다. '육체' 자체가 없는데 어떻게 '정신'이 생겨난단 말인가? 내가 '유물론'이란 말의 의미에 버금가는 '육체주의'라는 말을 자주 써가며 그 뜻을 강조하는 것은 이런 이유에서다.

◈

이율곡과 이퇴계, 그리고 그들의 문하생들은 '이기호발(理氣互發, 이와 기가 함께 작동한다)'이니 '기발이승(氣發理乘, 기가 작동한 연후에 이가 그것에 올라탄다)'이니 해가며 허구한 날 공허하기 짝이 없는 논쟁으로 날을 지새웠다. 그러면서 과학·의학·천문학 등을 멸시하거나 천시했다. 그래서야 실질적인 사회 발전이 이루어질 수 없다.

◈

주자학에서는 또한 공자·맹자가 말한 것들을 한 치의 결함도 없는 진리로 받아들였다. 공자·맹자의 말에 어긋나는 주장을 하면 그것을 '사문난적'이라 하여 형벌에 처하기까지 했다. 마치 기독교에서 『성경』에 쓰인 글들이 한 치의 결함도 없는 금과옥조로 떠받들어지는 것과 흡사하다. 그래서 학문의 자율성과 유연성이 사라져버렸고, 만날 사서삼경을 달달 외우는 것으로 날을 드샜던 것이 유생들의 일상이 되었다.

공자·맹자·주자 등의 정치이론은 공리공론에 불과하여 마키

아벨리의 실질적 정치이론(『군주론』으로 대표되는)보다 훨씬 쓰임새가 없다. 군비확장 이전에 임금이 덕(德)을 쌓는 것이 국방에 더 도움이 된다는 것이 유교(유학)의 주장이었다. 그런 지경이었으니 나라가 외세의 침략에 꼼짝도 못하고 무너질 수밖에 없었던 것이다.

◈

주자는 도무지 융통성이 없는 사람이어서, 중국 대륙 북쪽을 점령하고 있는 이민족과 맞붙어 무조건 싸워야만 한다는 주장으로 일관하였다.

빼앗긴 국토를 되찾기 위해서는 적을 적당히 구슬려 화친하는 척 해야 될 때도 있고, 상대방의 허점이 보이면 잽싸게 돌격해 들어가야 될 때도 있는 법이다. 그리고 이쪽의 군사력을 감안하여 공격과 수비를 결정해야 한다. 용감하다고 해서 무조건 이기는 건 아니기 때문이다.

주자의 융통성 없는 주전론(主戰論)은 마치 이승만 정권 시절에 무조건 '북진 통일'만 외쳐댔던 어리석음을 연상케 한다.

사실 주자가 상정(想定)한 '기(氣)'의 개념은, 주자보다 훨씬 이

전부터 한방의학이론에서 말해왔던 '기'의 개념에서 빌려온 것이었다. 한방의학에서는 주자처럼 '기'를 형이상학적인 의미로 사용한 것이 아니라, 구체적인 인체 관찰과 치료 경험에서 비롯된 실용적인 개념으로 정착시켰던 것이다.

◈

한방의학에서는 '기(氣)'와 '이(理)'라는 철학적 개념어를 쓰지 않고, '기(氣)'와 '혈(血)' 두 가지 개념어를 가지고서 실질적인 질환 치료에 적용시켰다. 여기서 말하는 '기'는 '원기(元氣, 태어날 때부터 가지고 나오는 기본적 에너지)', '기분', '육체적 신진대사 기능', '힘' 등의 뜻으로 사용된다. 그리고 '혈(血)'은 '영양물질', '혈액순환 기능' 등의 뜻으로 사용된다.

우리가 음식을 먹으면 그것이 소화되어 영양물질로 변해 피를 통해 전신에 보급된다. 그런데 그런 보급이 원활해지기 위해서는 '신진대사 기능'인 '기(氣)'가 필요해지는 것이다. 우리가 일상어로 많이 쓰는 "기가 막히다"라는 말도 거기에서 나왔다.

한방의학에서 '기'는 항상 '혈'보다 중요시되어 모든 병은 '기'의 부조(不調)에서 비롯된다고 본다. 아무리 잘 먹어도 그것을 인체 전반에 고르게 퍼져나가게 할 수 있는 '기'의 힘이 없다면 영양 결핍증에 걸릴 수 있다고 보는 것이다.

◈

'기'는 또한 '기분'의 뜻도 되는데, 우리가 고뿔을 '감기(感氣)'라고 부르는 이유는 쉽게 말해서 "기분이 나빠지면(우울해지면) 고뿔에 걸린다"는 뜻에서 나온 것이다. 병원균을 물리치려면 면역력이 있어야 하고, 면역력이 활발하게 작동하기 위해서는 기분이 안정된 상태여야 한다고 본 것이다.

◈

이렇게 한방의학적인 측면에서 보더라도 가장 중요한 것은 '기(氣)'지 '이(理)'가 아니다. 한방의학에서 뇌를 5장 6부에 포함시키지 않는 것도, '이(즉 뇌로 작동하는 이성)'가 필요 없다는 사실을 말해준다.

'이'가 먼저냐 '기'가 먼저냐 하고 따지고 드는 것 자체가 불필요한 일이지만, 굳이 따져본다면 주자가 주장한 "이(理) 다음에 기(氣)"라는 이론은 틀린 이론이라고 본다.

◈

우리나라 조선조 시대 선비들이 무조건 주자의 '주리론(主理論)'을 따르지 않은 것은 기특한 일이다. 그러나 주자가 쓴 『사서집주』를 성경처럼 떠받들어 모신 것만은 한심한 사대주의라고 볼 수밖에 없다.

◈

주자의 사상은 명(明)나라 중기까지 정통사상의 자리를 쭉 지켜간다. 그래서 중국의 사상계에서는 독창적인 이론이 비집고 나올 자리가 없어 답보 상태를 면치 못했다. 그러다가 드디어 주자 사상에 반대하는 왕양명의 사상이 출현하게 되었다. 이른바 '양명학'이 시작된 것이다.

왕양명은 성현의 사상에 맹목적으로 무릎 꿇지 말라고 하면서 '사상의 자유'를 주장했다. 그리고 자유주의와 박애주의를 내세웠다. 또한 '돈오(頓悟, 문득 한순간 깨닫는다)'가 가능하다고 주장하여 성현의 경전을 무조건 학습하여 따를 필요도 없다고 하였다.

그러나 양명학의 '지행합일(知行合一)' 이론은 17세기 초에 이르러 거세게 비판받으며 중국 사상은 다시 주자학 일변도로 돌아가게 된다. 즉, 공자와 주자의 사상만을 무조건 떠받드는 '사상 독재 시대'로 되돌아간 것이다.

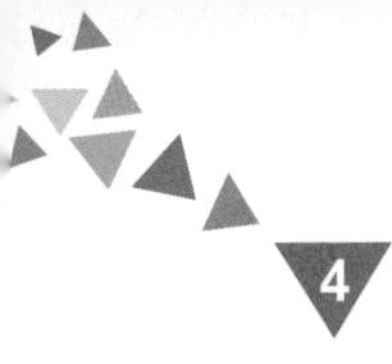

4

솔직한 육체적 쾌락주의자 **양주**

양주는 "살아있을 때의 낙(樂)을 생각해야 하고 죽은 후의 걱정은 하지 말아야 한다"고 주장하며 내세에 대한 관심을 못마땅해 했다. 기독교든 불교든 이슬람교든 유교든, 모두 표현의 양태만 다를 뿐 죽은 후의 '내세'에 대한 공포심을 조장하여 민중들을 겁준다는 사실과 비교해 볼 때, 양주의 주장은 한결 실존주의에 가까워 썩 마음에 든다. 내 생각도 양주의 생각과 같다.

서양에 쾌락주의자 에피쿠로스가 있었다면, 동양(중국)에도 역시 쾌락주의자 양주(楊朱)가 있었다. 그런데 양주는 에피쿠로스와는 달리 '육체적 쾌락'을 강조했다는 점에서 에피쿠로스와 비교된다. 내가 보기엔 양주가 훨씬 더 통이 크게 활달하고 본성에 솔직한 주장을 펼쳤다고 생각된다.

◈

양주의 사상은 그 자신에 대한 별도의 책이 없거나 망실(亡失)돼 버렸고, 『열자(列子)』라는 도가(道家) 사상서에서 한 장(章)을 할애하여 그의 생각을 소개하고 있다.

◈

양주의 사상은 한마디로 말해 '위아적(爲我的) 쾌락주의'다. 양주는 오직 자기 자신만의 쾌락을 중시해야 하고, 이타주의적인 생각을 갖는 것은 위선이라고 공박하였다. 그야말로 '솔직한 이기주의'라 하겠다. 나는 솔직한 이기주의자로 사는 것이 진짜 행복에 이르는 길이라고 본다.

◈

그가 남긴 말 가운데 가장 유명한 말은 "내 몸의 털 한 오라기를 뽑아 세상을 구원할 수 있다 하더라도 나는 털을 뽑지 않겠다"는 말이다. 공자의 '인(仁, 어진 마음)'과는 확연히 구별되는 사상이라 하겠다. 그는 이런 생각을 '전생보진(全生保眞)', 즉 "생명을 온전히 지켜 진리에 다다른다"는 말로 요약하였다.

◈

중국의 제자백가들 가운데 대중들에게 가장 큰 영향력을 미친 3명의 사상가는 공자·묵자·양주였다. 그런데 양주가 쓴 단독 저술이 후대에 전해지지 않았기 때문에 요즘 사람들은 거의 다 양주의 존재를 모르고 있다. 안타까운 일이다.

◈

나는 1989년에 『나는 야한 여자 좋다』라는 책을 내어 화제가 되기도 하고 물의(?)를 일으키기도 했다. 그런데 지식인층에서는 거의가 나의 '유미적 쾌락주의'와 '섹스의 쾌락 찬양'을 매섭게 질타했다. 그러던 중에 유독 김상기 교수만은 조선일보에 나를 옹호하는 글을 발표하면서, 나를 가리켜 '한국의 양주'라고 했다.

◈

양주는 "살아있을 때의 낙(樂)을 생각해야 하고 죽은 후의 걱정은 하지 말아야 한다"고 주장하며 내세에 대한 관심을 못마땅해 했다. 기독교든 불교든 이슬람교든 유교든, 모두 표현의 양태만 다를 뿐 죽은 후의 '내세'에 대한 공포심을 조장하여 민중들을 겁준다는 사실과 비교해 볼 때, 양주의 주장은 한결 실존주의에 가까워 썩 마음에 든다. 내 생각도 양주의 생각과 같다.

◈

양주는 또한 "죽으면 모든 것이 끝나고 모든 것이 공(空)이 되는데 어찌 생전에 쾌락을 찾지 않고 스스로 고생을 사서 하는가?"라고도 말했다. 그러면서 그는 또 "우리는 색(色, 즉 섹스)이란 색은 다 즐기며 인생의 쾌락을 향유해야 한다. 또한 맛있는 음식과 술을 배부르게 먹고 마시며 즐겨야 하고 명예를 즐겨서는 결코 안 된다"라고도 말하여 '육체적 쾌락'을 대담하게 강조하고 있다. 정신적 쾌락을 육체적 쾌락보다 상위(上位)에 둔 에피쿠로스의 주장보다는 한결 통이 커 보이는 언명(言明)이다.

◈

거듭 말하지만 '쾌락'은 '행복'과 같은 뜻이고 우리는 평생토록 쾌락을 좇아 살아가는 존재이다. 그리고 가장 풍성하게 행복감을 느끼게 해주는 것이 바로 육체적 쾌락이다. 육체적 쾌락에 죄의식을 느낀다면 응당 불행해질 수밖에 없다.

◈

양주는 일반인의 눈으로 볼 때는 호색한(好色漢)에 불과한 '공손목'이라는 사람의 예를 들어 그의 '호색'을 칭찬한다. 공손목은 뒤뜰에 몇 십 개나 되는 방을 만들어 놓고 섹시한 미녀들을 가려 뽑아 방마다 그득하게 채워놓았다. 그는 일단 여자와 놀기 시작하면, 골방에 누워 일체의 방문객을 사절하며 밤낮을 가리지 않고 섹스를 즐겼는데, 3개월만에야 한 번 정도 방 밖으로 나왔다는 것이다.

◈

위에서 든 예는 참으로 부러운 풍경이지만, 오로지 돈이 많은 사람한테나 가능한 '성적(性的) 쾌감의 추구행위'다. 이런 점에서 볼 때 양주 사상의 한계는 그의 '귀족주의적 발상'에 있다고 볼 수도 있겠다.

◈

양주 말고도 방중술(房中術) 즉 섹스의 기술이 중요하다는 것을 강조하는 도교 경전에서는, 남자가 건강하게 오래 살려면 매일 밤 사춘기 또래의 소녀 열 명과 교대해가며 섹스를 해서(헤비페팅만 하고 성교는 안 해야 한다) 젊은 기(氣)를 흡수해야 한다고 강조한다.

◈

이런 생각은 우선 지독한 남성우월주의이고, 또한 부자나 귀족이 아니면 도저히 실천할 수 없는 건강증진법이다. 양주를 비롯한 여러 도가(道家)들의 주장이, 일반 민중을 도외시하는 것을 전제로 형성된 것으로 보이기 쉬운 것은 큰 결함이 아닐 수 없다.

◈

그러나 반드시 공손목이라는 사람이 즐긴 것 같은 양태로 귀족적인 호탕한 섹스를 즐겨야만 행복에 이르는 것은 아니다. 이를테면 결혼을 하지 않고 자주 연애 파트너를 바꿔가며 프리섹스를 즐기기만 해도, 우리는 한결 행복한 쾌락을 맛볼 수 있는 것이다. 결혼은 섹스의 무덤이기 때문이다.

◈

공자는 자기의 정치적 노력만으로는 도저히 이상적인 세상을 건설할 수 없다는 것을 잘 알면서도 그런 세상을 만들려고 애썼다. 그러나 양주는 공자와는 달리 정치에는 아예 관심을 두지 않았다.

◈

지금 우리가 살고 있는 세상도 마찬가지다. 이상적인 정치를 해보겠다는 사람이 너무나 많기에 도리어 그릇된 세상이 이어지고 있는 것이다. 양주는 탈(脫)정치적인, 다시 말해서 권력엔 관심이 없는 사람이었다. 이것은 노자, 장자 등 다른 도가 사상가들도 같다. 양주가 귀족적인 무한의 쾌락을 예로 든 까닭은, 쓸데없는 '남 걱정'은 하지 말고 '내 걱정'만 하라는 뜻에서였다.

◈

남을 위한답시고 자신의 쾌락을 희생시키는 사람들은 독선적이고 잔인한 독재자들 중에서 많이 발견된다. 예를 들면 영국의 청교도 혁명을 이끈 크롬웰, 프랑스 혁명기에 살벌한 공포정치를 펼친 로베스피에르, 끔찍한 '유대인 학살'을 감행한 나치 독일의 히틀러 등이 그렇다. 히틀러는 섹스도 결벽증적으로 절제했던 엄격한 채식주의자였다.

◈

우리는 세상을 살아가면서 지나치게 근검성실하고 지나치게 자신의 쾌락을 희생시키며 지나치게 도덕적인 사람을 많이 만나게 된다. 그런 사람들 가운데는 독실한 종교인이 많은데, 그런 사람들은 대체로 남에게 도덕적 충고(사실은 충고가 아니라 참견이지만)를 해주기 좋아한다. 될 수 있는 대로 그런 사람들을 멀리해야 행복해질 수 있다.

◈

내겐 양주가 육체적 쾌락을 중요하게 여긴 것이, 정신적 쾌락이 자칫하면 종교적 광신(狂信)이나 독선적 도덕주의(이를테면 청교도 사상 같은)를 유발할 수 있다고 경계한 것으로 들린다.

◈

앞에서 말했듯 죽은 뒤의 일을 쓸데없이 걱정하는 사람들(종교인들 가운데 많다)을 위하여, 다음엔 한 번 더 양주가 말한 것을 그대로 인용해 본다.

"죽은 후의 것은 나와 아무런 관계도 없다. 화장(火葬)도 좋고, 수장(水葬)도 좋고, 땅속에 묻혀도 좋고, 새끼로 묶여 시궁창 속에 처박혀도 좋다." 자못 감동적으로 들리지 않는가?

양주의 적극적 쾌락주의가 발전하여 일종의 종교적 형태로 나타난 것이 바로 도교(道教)이다. 도교는 기독교나 불교 등 다른 종교들이 대개 금욕주의적 교리로 일관한 것에 비해(이슬람교만은 예외다) '육체적 쾌락의 적극적 향유'를 수도의 최종 목표로 삼고 있다는 점에 특색이 있다.

◈

도교가 추구하는 것은 죽은 뒤의 행복이 아니라 살아있을 때의 행복이다. 도교는 살아있는 사람이 도를 닦으면 살아있는 상태에서 신선이 될 수 있다고 주장한다. 그래서 도교를 다른 말로 선교(仙教)라고도 부르는 것이다.

도교의 목표는 무병장수(無病長壽)하여 1,000여 년 이상의 삶을 살아가는 것이다. 그리고 신선이 된 다음의 일상적 삶은 극기(克己)와 절제로 이어가는 삶이 아니라, 양주가 추구했던 것과 마찬가지로 '최대한 육체적 쾌락을 맛보는 삶'이다.

신선이 되면 항상 섹시한 미녀 선녀(仙女)들과 더불어 실컷 섹스를 즐길 수도 있고(그래도 건강에 지장을 초래하지 않아서 신선이다), 건강에 좋은 술을 실컷 마실 수도 있다. 그리고 전혀 노동하는 수고를 겪지 않아도 된다.

중국의 전통적인 신선도(神仙圖)를 보면 신선이나 선녀들이 모두 손톱을 길게 기르고 있다. 그것은 보통 인간들이 공통적으로 소망하는, 손을 사용하여 노동을 하지 않아도 되는 '귀족적 게으름'의 표현이다. 도교에서는 현세에서의 귀족적 향락을 최대한 누리는 것이 신선들의 특권이라고 본 셈이다. 실제로 중국의 황제나 귀족들은 남녀를 불문하고 모두 손톱을 길게 길러 '무(無)노동의 특권'을 과시했다.

기독교에서는 독실한 신자가 죽으면 천당으로 가서, 밤이 없고 낮만 있는, 즉 빛으로 충만한 밝은 세상에서 온종일 찬송가를 부르며 경건하게 살아간다고 주장한다. 그러나 밤이 없고 낮만 있는 세상이란 얼마나 무미건조한 세상일 것인가? 달밤의 그윽한 정취가 있어야만 멋들어진 키스도 할 수 있고 무드 있는 섹스도 할 수 있다.

양주의 육체적 쾌락주의는 그런 면에서 볼 때, 현실 속에서도 관능의 파라다이스를 이룩할 수 있다고 본, 절대적이고 긍정적인 행복을 위한 구원의 복음서라고 나는 본다.

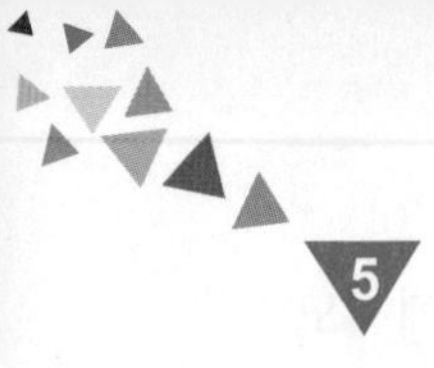

5

통쾌한 무신론을 펼친 순자

순자 사상의 골자는 성악설보다는 '제천론(制天論)' 또는 '재천론(裁天論)'에 있다. 그는 인간의 속성 가운데 최대의 결점은 '미신 숭배'라고 주장하고, 누구나 당연한 것으로 믿었던 '경천외명(敬天畏命, 하늘을 공경하고 천명을 두려워한다)' 사상을 인간의 우매한 타성에서 비롯된 것이라 하여 배척하였다.

운명론에 대한 고래(古來)의 철학적 관점들을 살펴보면 대체로 운명을 체념적으로 인정한 듯한 인상을 풍긴다. 서구의 경우에는 그만하면 합리적 사고가 발달했던 그리스 시대에도 무녀를 통해 신탁을 받는 일이 성행했고, 희랍 비극의 주제는 언제나 '운명의 힘 앞에 선 인간의 무력감'이었다. 그리고 기독교가 서구사회를 지배하면서부터는 신(神)의 의지가 만사를 결정한다는 믿음이 온 사회를 지배하다시피 하였고, 그러한 믿음은 시대가 갈수록 더욱 깊어져 저 악명 높은 중세 암흑시대로 이어졌다. 그때는 병의 치료조차 신력(神力)에만 의지하던 미개시대여서, 약초를 개발하여 병을 치료하는 여인들을 마녀로 몰아 화형 시킬 정도였다.

◈

서양에 비해 볼 때 동양 특히 극동의 중심지인 중국은 훨씬 더 개명됐던 것처럼 보인다. 공자와 맹자로부터 비롯된 유가철학(儒家哲學)은 서구적 의미의 유일신을 인정하지 않고 형이상학도 말하지 않았다. 앞에서 말한 공자의 유명한 언명(言明), 즉 "생을 미처 알지 못했는데 어찌 죽음을 알랴(未知生, 焉知死)"라는 말은 공자의 반형이상학적(反形而上學的) 태도를 잘 보여주고 있다.

그렇지만 유가철학이 갖고 있는 이러한 비형이상성은 훗날 권력에 기생하는 유한계급의 유학자들에 의해 변질되어, 성리학(性理學)이라는 공허하고 현학적인 형이상학 체계가 창출되게 하였다. 이른바 주자학(朱子學)이라고 불리는 성리학은 우리나라 조

선시대의 기본적인 학문이 되어 버려, 일종의 실용적 형이하학이 라고 할 수 있는 실학(實學)의 발달을 가로막아 결국 국력 피폐의 원인으로 작용했다.

◈

그렇지만 원시유교라고 해서 운명론을 완전히 부정한 것은 아니었다. 공자 역시 언제나 천(天)을 이야기했고 천명(天命)을 모든 만물운행의 궁극에다 두는 과오를 범하고 있기 때문이다. 공자의 천명사상은 군자(君子)와 소인(小人)의 구별을 당연시하게 만들어 계급 차별 의식에 바탕을 둔 엘리트 독재주의를 정당화 시켰다.

◈

'천(天)'이란 우리나라 〈애국가〉 가사에도 나오는 '하느님'을 가리킨다. 그리고 가톨릭에서도 유대민족의 토속신(土俗神)인 여호와 신(神)을 '하느님'으로 번역한다. 개신교에서는 '하나님'으로 번역하지만 다 그게 그거다.

유가철학의 이러한 천명사상은 도가철학(道家哲學)이라고 해서 별다를 것이 없다. 노자의 『도덕경(道德經)』은 무위자연(無爲自然)을 내세우면서도 백성이 무식해야 나라가 태평해진다고 주장하며 역시 천명을 받은 엘리트들에 의한 플라톤식 철인독재(哲人獨裁)를 은근히 찬양하고 있다. 그리고 장자의 자연귀의 사상은 사람들을 비활동적으로 만들고 소심한 운명론자로 만들어버리기 쉽다.

◈

그래서 중국철학 가운데 가장 눈에 번쩍 뜨이는 것이 바로 순자(荀子)의 사상이다. 춘추전국시대 사상가인 순자의 사상은 일반인에게 단지 성악설(性惡說) 정도로만 알려져 있을 뿐, 공맹(孔孟)이나 노장(老莊)의 위세에 눌려 제대로 재조명되지 못하고 있다. 또한 그의 성악설조차도 불교의 '실유불성(悉有佛性, 모든 중생은 다 불성을 가지고 있다)'이나 맹자의 성선설(性善說)에 짓눌려 거의 퇴색해버린 감이 없지 않다. 사람들은 누구나 부정적인 인간관보다는 긍정적인 인간관을 좋아하기 때문이다. 그렇지만 사람들은 긍정적 인간관 가운데 내포돼 있는 현실안주적(現實安住的) 독소를 자칫 간과해 버리고 있다.

순자 사상의 골자는 성악설보다는 '제천론(制天論)' 또는 '재천론(裁天論)'에 있다. 그는 인간의 속성 가운데 최대의 결점은 '미신 숭배'라고 주장하고, 누구나 당연한 것으로 믿었던 '경천외명(敬天畏命, 하늘을 공경하고 천명을 두려워한다)' 사상을 인간의 우매한 타성에서 비롯된 것이라 하여 배척하였다.

◈

그는 인간 사회의 부귀빈천이나 길흉화복 등은 하늘이 결정하는 것이 아니라 인간 스스로가 초래하는 것이라고 주장했다. 그러고는 '인정승천(人定勝天, 사람은 반드시 하늘을 정복할 수 있다)'을 주장하면서 제천론(制天論)을 들고 나왔다. 이것은 중국의 천인합일(天人合一)사상에 있어 일대 혁명이었다.

순자 이전의 사상가들은 어느 한 사람도 공공연하게 천(天)과 인(人)이 아무런 관계가 없음을 주장하지 못하였다. 공맹(孔孟)이 비록 귀신을 말하지 않았다고 하나 천명을 믿었고, 노장(老莊)이 비록 천명을 자연으로 대치시켰다고 하나 결국은 천인합일을 강조하여, 자연을 이상적인 모델로 생각한 나머지 인간적 가치를 무시하는 경향이 있었다. 말하자면 그들은 모두 다 의식적으로든 무의식적으로든 '하늘'이 우리의 운명을 지배한다고 믿었던 셈이다.

◈

순자의 제천론(制天論)은 현대의 과학정신, 또는 내가 지금껏 여러 책을 통해 일관되게 주장해온 실용적 쾌락주의 정신과 일치한다. 순자는 자연에 복종하기보다는 자연을 이용하여 현실을 더욱 편리하게 개조해나가자고 주장하였다. 또한 그는 인간의 욕망을 중요시하여 "인간은 원래 선하다" "인간은 양심이 있다"는 등 밑도 끝도 없는 미신적 낙관론에 사로잡히기보다는, 인간의 본성을 직시하여 거기에 맞는 실제적 처방을 내려야 한다고 역설하였다. 그래서 그는 자연히 교육을 중시하게 되었고, 따라서 성악설(性惡說)의 진짜 핵심은 부정적 인간 인식에 있는 것이 아니라 '교육을 통한 인간 의식의 개조'에 있다고 할 수 있다.

서양 근대 철학의 창시자인 데카르트도 인간에게는 선천적으로 가지고 태어난 '양식(良識)'이 있다고 주장한다. 그리고 이성론을 완성시킨 칸트도 선험적으로 존재하는 '도덕률'이 인간의 마음속에 있다고 주장한다. 둘 다 결국은 성선설을 주장한 것이라고 볼 수 있다.

◈

그렇지만 어린아이들의 행동을 잘 살펴보면 그들이 무척이나 잔인하다는 것을 알 수 있다. 어린아이들은 곤충이나 물고기 등을 찢어 죽이는 것을 유달리 좋아하고, 장난감을 주면 잠시 가지고 놀다가 결국에는 부숴버리기 일쑤다. 그림책도 다 읽으면 곧장 찢어버린다. 한마디로 말해서 사디스틱한 것이다. 그러므로 내 생각엔 성악설이 맞다.

◈

인간이 사디스틱한 본성을 가지고 태어났다는 게 뭐 특별할 것도 없다. 약육강식의 장(場)인 이 세상에서 살아남으려면 사디스틱하게 행동해야만 하기 때문이다.

그러므로 맹자가 말한 성선설은 그의 '소망적 사고(思考)'에 불과한 것이다. 그는 "우물에 빠져죽기 직전의 어린애를 그냥 내버려둘 사람이 어디 있겠느냐. 다시 말해서 누구라도 그런 광경을

보면 다 어린애를 살려줄 것이다"라고 주장하며 그것을 성선설의 증거로 내세우고 있다. 그런데 사람을 치어 죽여 놓고서도 그냥 도망가는 '뺑소니 운전사'가 너무나 많은 요즘 세태를 보면 맹자의 주장은 터무니없는 낙관론일 수밖에 없다. 그러므로 역시 성악설이 맞고, '선(善)'이라는 불투명한 개념은 엉터리라는 게 드러난다. 또한 전쟁터에서는 적군을 많이 죽일수록 '선한 영웅' 대접을 받지 않는가?

아무튼 순자는 제자백가들 중 유일하게 미신 타파를 주장했고 신귀(神鬼)의 존재를 부정한, 요즘 말로 하면 철저한 무신론자였다. 서양에서는 무신론이 19세기에 가서야 마르크스 · 포이어바흐 · 니체 등에 의해서 직 · 간접적으로 제기되었지만, 동양(중국)에서는 기원전 시대부터 과감한 무신론이 개진됐다는 점에서, 순자의 사상은 더욱 탁월한 개성을 보여준다 하겠다.

요컨대 순자는 공자와 맹자의 '천명(天命) 사상'과, 노자와 장자의 '천인합일(天人合一) 사상'과, 묵자가 '비명(非命)'을 주장하면서도 귀신의 위력을 강조한 것 등을 전면적으로 부정하였다.

그는 신(神)과 귀(鬼)를 전혀 안중에 두지 않았던 것이다.

◈

순자는 '천인감응(天人感應)'이 무슨 개소리며 '천의천명(天意天命)'이 무슨 개소리냐, 그리고 '진인사대천명(盡人事待天命)'은 또 무슨 개소리냐고 일갈(一喝)하면서 '천(天)'에 대한 (종교적) 숭배를 비웃는다. 또한 당시 사람들이 두려워한 기상이변 같은 것도 인사(人事)와는 아무런 관계가 없다고 단호하게 잘라 말한다. 내가 보기에 진정으로 통쾌한 발언이 아닐 수 없다.

◈

순자는 또한 인간의 본성 속에 '욕심'이라는 요소가 있다는 사실을 간파하고, 인간의 욕심은 동물들보다 훨씬 더 추악한 양상을 띠고 있다고 보았다. 즉 '명예욕'과 '물욕'이 인간의 심성을 지배한다고 보고, 거기서 모든 사회적 병리현상이 발생한다고 단언하였다. 그리고 인간은 모두 '나의 이익'을 위해 '타인의 손해'를 요구하고, 그래서 온갖 갈등이 야기된다고 주장했다.

◈

마르크스는 『자본론』에서, 자본가는 '욕심의 노예'인데 비해 노동자는 그렇지 않다고 하면서 '무산계급 독재'를 옹호한다. 그래서 이런 터무니없는 발상이 결국 관료독재적 공산주의 국가들을 붕괴하게 만들었다. 자본가든 노동자든 모두 다 '욕심의 노예'라는 심리적 실상을 마르크스는 간과했던 것이다.

◈

그러나 순자는 인간 모두가 욕심의 노예라고 주장하면서 이를 해결하는 방법으로 '화성기위(化性起僞)'를 제시하고 있다. '화성기위'란 사려를 깊게 하여 될 수 있는 한 욕심을 억누르자는 것이다. 쉽게 말해서 선천적인 '양심'을 믿지 말고 '후천적인 마음 수양'에 주력하자는 것이라고 볼 수 있다. 여기서 '위(僞)'란 곧 '의지의 실천'과 '후천적 노력'을 의미한다.

◈

순자는 또한 성악설을 내세우면서, "선(善)한 인성(人性)이란 것은 인위적인 것이다"라고 말하며 교육의 중요성을 재차 강조한다. 인간은 원래 악하게 태어났지만 교육을 잘 베풀면 선하게 된다고 보는 것이다. 그러므로 '위(僞)'는 "본성을 일부러 속여(선하게) 바꾼다"는 의미가 된다.

◈

인간은 태어나면서부터 엄마의 교육을 직·간접적으로 받게 되고, 뒤에 가서 거기에 아버지도 끼어든다. 그리고 그 뒤에 가면 학교 교육이 베풀어져 자신의 인성을 키우게 된다. 내가 생각하기에 우리나라가 문화적 선진국이 되지 못하는 가장 큰 이유는 학교 교육이 '인격 교육'이 못되고 '입시 교육'에 그쳐버린다는 점에 있다.

◈

순자가 데카르트보다 나은 점은, 데카르트가 창조주 하나님의 '드넓은 은혜'로 인간은 선천적으로 '양식'을 갖고 태어난다고 주장한 것에 비해, 순자는 실존적 인식을 갖고서 냉정하게 인간의 본성을 악한 것으로 파악했다는 점에 있다.

◈

데카르트가 인간의 타고난 양심(≒양식)을 인정한 것은 인간 세상의 실제적 양상을 객관적으로 파악하지 못했기 때문이다. 인간 세상은 동물의 세상과 마찬가지로 양육강식으로 점철되는 아비규환의 지옥과도 같다. 승자독식, 적자생존, 자연도태 등의 원칙이 인간 세상에도 마찬가지로 적용된다. 인간과 동물이 다른 점이 하나도 없기 때문이다.

◈

교육에 의해 인간의 인성이 바르고 선(善)하게 변하면, 그때 가서 '인정승천(人定勝天)'이 시작될 수 있다. 즉, 주어진 운명(≒天命)을 극복할 수 있게 되는 것이다. 기독교 사상처럼 무조건 하늘의 은혜에 감사하거나 찬탄하기만 해서는 안 된다. 또 무엇이든 '주님의 뜻(하늘의 뜻)'이라고 체념적으로 순종해서도 안 된다. 당당하게 하늘(기독교의 여호와 신)과 맞짱을 떠야 하는 것이다.

대강 이런 주장이 순자 사상의 골자라고 볼 수 있다. 더 나아가 아예 하늘을 부정해도 된다. 즉 무신론자의 태도로 일관하며 신(하늘)에게 '공포와 전율(기독교적 실존주의자 키르케고르의 표현)'을 느끼지 않아야 한다.

◈

험난한 세상을 살아가려면 밑도 끝도 없는 낙관론을 경계해야 한다. 비유하자면, 배에 잔뜩 힘을 주고서 긴장 상태로 살아가야만 갑자기 배를 강타 당했을 때 쓰러지지 않을 수 있다. 말하자면 '비관적 인생관'이라는 예방주사를 미리 맞아둘 필요가 있는 것이다.

아무도 믿지 말고(물론 신을 포함하여) 스스로의 의지 하나로 버텨나가야 웬만큼 행복한 삶을 누릴 수 있다. 우리는 순자의 사상을 통해 '강인한 무신론'과 '미신 타파', 그리고 '후천적 노력의 중요성'을 배울 수 있다.

Part 2

너도 빠져 봐!

: 달콤한 착각에 빠진 서양 사상가들

에피쿠로스

·

데카르트

·

톨스토이

·

프로이트

·

D. H. 로렌스

1

육체적 쾌락을 경시한 에피쿠로스

에피쿠로스는 죽을 때까지 어떤 공직도 맡지 않고
다만 학교 선생으로 살았다. 그는 정치참여야말로
불행을 안겨준다고 생각했던 것이다. 플라톤의
정치만능주의와 비교되는 대목이라 하겠다.
나 역시 정치 행위는 지배욕과 권력욕에 바탕을
둔 일종의 악(惡)이라고 본다.

'쾌락'이란 말은 사실 '행복'과 같은 뜻을 지녔다. 그런데 우리나라에서 '쾌락'은 흡사 '음란' '퇴폐' '문란' 등과 비슷한 의미로 받아들여진다.

◈

내가 가르친 어느 대학생은, 한국에서 번역돼 나온 에피쿠로스의 저서 『쾌락』이란 책을 지하철에서 읽다가, 왠지 다른 승객들의 눈에 신경이 쓰여 그만뒀다고 했다. 실로 쓴웃음이 나올 수밖에 없는 얘기다.

◈

그러나 에피쿠로스의 쾌락주의는 사실 육체적 쾌락보다는 정신적 쾌락에 더 기울어 있었다. 그는 최고의 쾌락을 '정신의 평정 상태'라고 주장했고, 이를 바탕으로 쾌락주의 학설을 펼쳐나갔다. 그가 단호하게 말한 "쾌락만이 유일한 선(善)이고, 고통만이 유일한 악(惡)이다"라는 언명(言明)은 후대에까지 큰 영향을 끼쳤다.

그렇다고 해서 그가 육체적 쾌락을 멸시한 것은 아니다. 그는 육체적 쾌락 또한 선(善)한 것이라고 생각했고, 그 자신도 육체적으로 자유로운 생활을 즐기기 위해 '결혼'이라는 올가미에 걸려들지 않고 독신주의를 고수하였다. 다만 그는 정신적 쾌락이 육체적 쾌락보다 한 단계 더 격(格)이 높은 것이라고 주장했을 뿐이다(이 점이 나로서는 아쉽게 생각된다).

◈

그가 쾌락주의를 내세운 배경에는 확고한 유물론이 자리 잡고 있었다. 그는 영혼이나 신(神) 따위의 존재를 확고하게 부정했다. 그리고 신에 대한 숭배를 전제로 하는 종교 행위를 미신이라고 경멸했다. 신을 두려워할 필요가 전혀 없다는 것이다.

이런 그의 생각이 퍽이나 내 마음에 드는데, 우주여행이 가능한 지금에 이르기까지도 미신적 종교가 거대종교로 성장하여 세상 사람들을 미혹시키고 있는 현실이 실로 통탄스럽기 때문이다.

◈

에피쿠로스는 죽을 때까지 어떤 공직도 맡지 않고 다만 학교 선생으로 살았다. 그는 정치참여야말로 불행을 안겨준다고 생각했던 것이다. 플라톤의 정치만능주의와 비교되는 대목이라 하겠다. 나 역시 정치 행위는 지배욕과 권력욕에 바탕을 둔 일종의 악(惡)이라고 본다.

◈

그는 쾌락주의자라는 호칭과는 다르게 마치 불교사상과도 비슷한 행복론을 내세웠다. 그는 행복이란 '성취'를 높여가는 데서 생기는 것이 아니라 '욕망'을 줄여가는 데서 생기는 것이라고 주장했다.

◈

물론 그가 말한 '욕망'이 쾌락에 대한 욕망을 가리키는 것은 아니다. 그것은 세속적 출세욕과 물욕(物慾)을 가리킨다.

즉 불교사상과는 달리 육체(정신을 포함하는)적 쾌락을 부정하지는 않으면서, 뭉뚱그려 말한다면 '정치적 출세욕'을 줄여가야만 참된 행복에 다다를 수 있다고 주장한 것이다.

◈

에피쿠로스는 또한 '도덕'을 회의적인 시선으로 바라보았다. 도덕이 행복의 조건은 되지만 행복 그 자체는 아니라고 주장한 것이다. 다시 말해서 한 개인이 덕성(德性)을 쌓아나간다고 해서 반드시 행복해지지는 않는다고 말했다. 유교나 기독교와는 아주 다른 관점이라 하겠다.

◈

에피쿠로스는 또한 철저한 개인주의자였다. 국가가 할 일은 국민 개개인의 쾌락을 보장해주는 것이지 통제하는 것이 아니라고 설파했을 만큼, 그는 국가 중심의 전체주의적 이데올로기를 갖고 있지 않았다.

◈

에피쿠로스는 또한 '자살'을 긍정한 것으로도 유명하다. 그는 죽음은 결코 두려워할 것이 아니며, 죽는 순간 모든 의식(意識)이 종결되므로 고통도 있을 수 없다고 말했다. 그리고 사람이 자신의 수명에 집착할 필요도 없이, 언제라도 자살하고 싶으면 자살하는 것이 좋다고 말하였다.

◈

이것은 기독교 사상이 자살을 최고의 죄악으로 본 것과는 정반대로 다른 견해라고 하겠다. 말하자면 구차하게 목숨을 연명하려고 애쓸 것이 아니라, 생사일여(生死一如)의 생각으로 자신을 무장시켜 죽음에 초연할 필요가 있다는 것을 강조한 것으로 볼 수 있다. 요즘 자주 얘기되는 '안락사의 자유' 문제와 연결시켜 생각해봄직한 화두라고 하겠다.

◈

에피쿠로스는 또한 가장 진실한 것은 이성이 아니라 감각이라고 주장했다. 그 까닭은 감각만은 사람을 속이지 않기 때문이라는 것이다.

이것은 내가 자주 내 글에서 비유로 드는 "꼬집으면 아프다"와 일맥상통하는 얘기다. 아무리 참선을 하거나 기도를 열심히 하더라도 살을 꼬집으면 아플 수밖에 없다. 그러나 이성은 스스로의 본성을 속일 때가 많아서 잡귀신을 보더라도 자신의 시각을 불신하고 그것을 거룩한 신(神)으로 여길 수가 있다. 말하자면 감각적 마비 현상이 곧 종교인 것이다.

그는 또한 적극적 행동보다 소극적 행동, 즉 고통으로부터의 도피 행위가 가장 큰 쾌락을 가져다준다고도 말했다. 이 역시 나와 생각이 같다.

나는 문학의 궁극적 목적은 사회 참여나 정치 참여가 아니라 '현실적 고통으로부터의 마취적 도피'라고 본다. 다시 말해서 문학 작품은 현실을 떠난 판타지로의 도피에 의해 카타르시스의 기쁨을 독자에게 줘야 한다고 믿고 있는 것이다. 나는 술로 도피하든 섹스로 도피하든, 자신만의 어떤 도피 수단을 갖고 있는 사람이 행복한 사람이라고 본다.

◈

에피쿠로스는 특히 죽음 이후의 세계가 없다는 것을 강조한다. 그리고 신(神)이 없으므로 죽은 뒤의 심판이나 처벌 같은 것도 없다고 주장한다. 이런 생각은 기독교 · 불교 등의 민간신앙에서 사후의 처벌을 두려워하여, 그것을 미리 막아보고자 교회나 사찰에 돈을 갖다 바치는 것 같은 미신적 행위가 횡행하는 요즘 세태에 대한 비웃음같이 들린다.

◈

나 역시 사후세계나 사후의 심판 같은 것은 절대로 없다고 믿고 있다. 그렇기 때문에 여러 신(神)들이 난무했던 고대 그리스 시대에, 에피쿠로스 같은 사상가가 나왔다는 것이 경이롭게 느껴지는 것이다.

◈

그렇지만 여전히 아쉬운 점은, 에피쿠로스가 육체적 쾌락보다 정신적 쾌락에 중점을 두었다는 사실이다. '마음의 평정'도 중요하지만, 마음이 안정되려면 육체적 쾌락(특히 관능적 쾌락)이 만족된 상태라야 가능하다고 보기 때문이다. 섹스에 배고픈 상태에서는 결코 마음이 평화로워질 수 없다.

꼭 섹스를 예로 들지 않더라도, 어떤 병에 걸렸거나 신체적인 열등감을 갖고 있으면 마음이 평화로울 수가 없다. 물론 정신과 육체는 서로가 영향을 미치지만, 내가 보기에는 육체가 정신에 영향을 미치는 경우가 훨씬 더 많은 것 같다.

외모의 미 · 추 문제도 같은 맥락에서 설명될 수 있다. 요즘처럼 성형수술을 받는 사람들이 점점 더 늘어나고 있는 상황에서는, "마음만 고우면 된다"거나, 어느 유명한 가요의 가사처럼 "마음이 고와야 여자지, 얼굴만 예쁘다고 여자냐"라는 빤한 거짓말이 이젠 통하지 않기 때문이다. "마음이 아름다워지면 당연히 외모도 아름다워진다"는 황당한 거짓말 역시 마찬가지다.

나는 특히 '몸의 상태'를 결정짓는 여러 요인들 가운데 '성적(性的) 만족감'이 가장 큰 영향을 미친다고 본다. 에피쿠로스는

자칭 쾌락주의자라고 천명하면서도 성 문제를 소홀히 하는 우(愚)를 범하였다. 인간이 악착같이 살아가는 이유는 다른 동물들의 경우와 같이 '종족 보존의 본능' 때문이고, 그러한 본능이 항상 작동하도록 '섹스의 쾌감'이라는 보너스가 자연스럽게 따라붙어 있는 것이다. 최근에 한창 유행하고 있는 진화심리학에서도 모든 진화의 원동력이 섹스에 있다고 보고 있다.

◈

서구의 중세 암흑시대가 1,000년간이나 지속되었던 까닭은 성(性)을 일종의 죄악으로 보는 기독교 윤리가 정치적 이데올로기를 장악하고 있었기 때문이다. 그리고 흔히들 '쾌락'이라고 하면 곧바로 '섹스의 쾌락'을 연상하는 것도 우리의 최대 관심사가 섹스라는 것을 증명해주고 있다.

고대 그리스 시대는 마치 중국의 춘추전국시대처럼 온갖 사상들이 백가쟁명 식(式)으로 다양하게 펼쳐졌던 시대다. 그러나 중국 춘추전국시대 때는 양주(楊朱)나 여러 도가(道家)들 같은 섹스 찬미론자들이 나왔지만, 그리스 시대 때는 에피쿠로스 같은 '어정쩡한' 쾌락주의자만 나왔다. 이로 미루어 볼 때 동양(중국) 문화가 서양 문화보다 훨씬 더 유연성을 띠고 있었다는 것을 알 수 있다.

◈

하지만 그래도 에피쿠로스는 플라톤 같은 지독한 정신주의자는 아니었고, '쾌락' 자체를 멸시하지는 않았다. 이 점이 바로 그가 이룬 사상적 업적이라고 할 수 있다.

이성을 신(神)의 선물로 착각한 **데카르트**

데카르트는 정신과 육체를 엄격하게 구별하였다.
그리고 정신이 육체를 지배한다고 주장했다.
그가 말하는 정신이란 곧 '뇌'를 가리키는 바,
뇌 역시 육체의 한 부분에 불과하다는 사실을
간과하고 있다. 그는 뇌의 명령이 '송과선'이라는
목 부근의 기관을 통해 지령을 내리고, 뇌를 뺀
육체가 그 명령에 철저하게 복종한다고 본 것이다.

데카르트는 '이성의 시대'를 열어간 사상가이다. 그로부터 칸트, 헤겔 등 이성론자들이 철학계에서 우위를 점하게 되었고, 근대적 합리론(合理論)이 수립되어 세상을 전과는 다르게 개조해나가게 되었다.

◈

데카르트의 대표적인 저작물은 『방법서설』이다. 아주 짧은 분량으로 이루어진 이 책은 유럽 사상계에 거대한 영향을 미쳤다. 그는 '철학을 하는 방법'을 네 가지로 압축하여 소개하고 있지만, 그 내용이 너무나 상식적인 것이라서 그것 자체만으로는 큰 가치를 지니지 못한다.

◈

『방법서설』이 유명해진 이유는 '철학하는 방법'을 요약해서가 아니라, 그가 오랜 사색 끝에 발견한 '진리에 가장 가까운 명제'를 제시했기 때문이다. 그것은 다름 아니라 "나는 생각한다. 그러므로 나는 존재한다"라는 유명한 명제다. 그는 감성이나 감각의 중요성을 무시하고 오직 '생각하는 이성'만이 인간의 속성을 대변해줄 수 있는 진리라고 여겼다.

◈

나는 대학교에 다닐 때 일반선택 과목으로 철학과에서 개설한 〈이성론〉을 수강했다. 담당교수는 한 학기 동안 데카르트의 『방법서설』과 『제1철학에 대한 성찰』(제1철학이란 형이상학을 말한다)

두 권을 강독해 나가는 것으로 강의 시간을 채웠다.

그런데 나는 "나는 생각한다. 그러므로 나는 존재한다"라는 명제를 강의 시간을 통해 접하고 나서, 문득 이런 의문이 들었다. 그것은 "나라는 존재는 부모가 한 섹스의 부산물이 아닌가?"라는 의문이었다.

◈

그래서 나는 나름대로 데카르트의 명제를 이렇게 바꿔야 옳다고 생각했다. 즉, "나의 부모가 섹스행위를 하였다. 그러므로(그래서) 나는 존재한다." 라고 말이다. 한번 생각해 보라. 이것이 가장 진리에 가까운 명제가 아닐까? 인간 개개인의 본적지는 아버지의 음경이고 고향은 어머니의 자궁이다. 태초에 하나님이 있었던 게 아니라 섹스가 있었다. 다시 말해서 음양(陰陽)이 있었다.

데카르트는 정신과 육체를 엄격하게 구별하였다. 그리고 정신이 육체를 지배한다고 주장했다. 그가 말하는 정신이란 곧 '뇌'를 가리키는 바, 뇌 역시 육체의 한 부분에 불과하다는 사실을 간과하고 있다. 그는 뇌의 명령이 '송과선'이라는 목 부근의 기관을 통해 지령을 내리고, 뇌를 뺀 육체가 그 명령에 철저하게 복종한다고 본 것이다.

◈

이것은 사실 육체의 실제적 현상을 잘 모르고서 한 말이다. 장(腸)이나 심장 등은 뇌의 명령과는 상관없이 자율적으로 작동하기 때문이다.

그래서 한방의학에서는 5장6부 가운데 뇌를 포함시키지 않고 있다. 뇌사상태에서도 육체는 상당 기간 살아서 움직인다.

◈

최근에 나는 어느 일본 의사가 쓴 『뇌는 병을 못 고쳐도 장은 병을 고친다』라는 책을 읽어본 바 있다. 장내(腸內)의 세균들이 인체의 신진대사를 주관하고 있다는 게 그 의사의 주장이었다. 그 의사는 정신병까지도 장내 유해균의 장난 때문으로 보고 있었다. 나는 상당히 일리가 있는 주장이라고 생각했다.

앞서 잠깐 언급했다시피, 우리의 일상어 가운데는 육체(뇌를 뺀)가 정신(뇌)을 지배한다고 보는 한방의학 사상이 많이 반영되

어 있다. "간이 크다" "간이 콩알만해졌다" "쓸개 빠진 놈" "심장이 내려앉았다" "허파에 바람이 들었다" "대담하다" 등이 그것이다.

◈

'간이 크다'는 말과 '대담하다'는 말은 통(배포)이 큰 심리 상태를 가리키는 말인데, 간의 기능이 충실해야 용감한 정신이 생긴다는 말이다. 그러므로 한방의학의 이론대로라면, 요즘 서양의학이 오직 '뇌의 생화학적 상태'를 규명하는데 모든 노력을 집중시키고 있는 것은 부질없는 일이 된다.

◈

사실 정신과 육체는 서로 영향을 미치며 상보작용(相補作用)을 한다고 보는 게 맞다. 정신이 우울해지면 위장 기능이 저하되어 소화가 잘 안 된다. 또 거꾸로 소화가 잘 되면 쓸데없는 근심이나 걱정이 사라진다. 한방의학에서는 비위가 맡은 기능을 '생각(思)의 조절'로 보고 있기 때문이다.

◈

또한 우리가 '생각'을 하도록 유도하는 것은 무엇일까? 그것은 감각과 감성이다. 남녀가 서로 사랑할 때 찐한 행복감(感)이 느껴지고, 그런 행복감이 느껴지려면 반드시 스킨십을 통해 쾌락한 감각을 교환해야 한다. 그 뒤에 비로소 "나는 그 여자(또는 남자)를 사랑한다"고 생각하게 되는 것이다.

◈

최근 들어 세계적으로 몸에 대한 담론이 봇물처럼 쏟아져 나오면서, 데카르트의 합리주의 철학은 차츰 세(勢)를 잃어가고 있다. 하지만 한국의 경우는 예외라고 본다. 현재 한국 지성계의 수준은 데카르트의 이성론과 그 뒤에 나온 계몽주의자들의 '합리적 사고방식'의 수준에 훨씬 못 미치고 있기 때문이다. 종교적 맹신과 도덕독재가 만연하고 있는 한국 사회에서 '합리적 사고의 확립'이 하루빨리 이루어져야만 우리나라는 문화적 선진국으로 나아갈 수 있다.

◈

데카르트는 학문(철학)을 제대로 하려면, 반드시 기존의 진리들에 대해 의문을 품는 '회의 정신'이 필요하다고 강조한다. '1+2 = 3'이라는 수식이 틀릴 수도 있으며, 과학적으로 증명된 확실한 다이아몬드 광석이라 할지라도 그것이 유리에 불과할 수도 있다는 것이다.

◈

여기까지는 옳은 말씀인데 그 다음이 문제다. 데카르트는 그렇게 우리의 인식이 틀릴 가능성이 있다는 이유로 "신(神)이 우리를 틀리게 인식하도록 만들었을지도 모르기 때문"이라는 설명을 덧붙이고 있기 때문이다. 아니, 갑자기 웬 신(神)이 끼어드는가? 신의 존재 가능성은 그럼 확실하단 말인가? 데카르트 철학의 한계는 바로 이런 데 있다.

데카르트는 그의 주요 저작인 『제1철학에 대한 성찰』에서, 말로써 신(神)이 확실히 존재한다는 것을 '증명'하려고 애쓰고 있다. 신의 존재 여부에 관한 문제는 사실 그 누구도 증명할 수 없는 불가지론(不可知論)에 속한다. 그런데도 그는 애써 신의 존재를 증명하고 있다. 그런 까닭은 그가 살았던 시대가 신권주의(神權主義) 시대였기 때문이기도 하고, 그가 정말로 어리석은 인간이었기 때문이기도 하다.

사실 데카르트는 몇몇 저작물을 집필해 놓고 나서도 그것의 발표를 단념한 적이 많았다. 혹시라도 종교재판에 휘말려 들까봐 걱정이 되어서였다. 귀족 출신이었던 그도 기독교 독재사회에서는 한낱 '겁쟁이'로 전락해버릴 수밖에 없었던 당시의 암울한 시대 상황을 이해할 수 있는 대목이다.

◈

그건 그렇다 치고라도, 그가 이성을 인간만이 선천적으로 가지고 태어나는 전유물로 인식했다는 것은 커다란 오판이었고, 그러한 오판은 그 뒤 몇 세기에 걸쳐 인간을 '가장 오만방자한 동물'로 만들어버리고 말았다. 그리고 그런 오만방자함이 행동으로 실천된 것은 '무분별한 자연 파괴'와 '잔인무도한 동물 학대'였다.

◈

우리는 대니얼 디포가 쓴 소설 『로빈슨 크루소』를 재미있게 읽는다. 그리고 인간은 '이성'을 가지고 태어났기 때문에, 로빈슨 크루소처럼 오랜 기간 무인도에서 고립생활을 하더라도 충분히 '혼자만의 문화'를 향유할 수 있다고 믿는다.

그러나 실제로 대니얼 디포가 그 소설을 쓴 배경에는, 그가 그 소설을 쓰기 전에 로빈슨 크루소같이 무인도에 고립되어 수년간 살다가 구조된 사람이 있어 화제가 되고 있었기 때문이다. 그런데 그 사람은 불과 5년간 고립돼 있었음에도 불구하고 미치광이가 되어 있었다.

◈

실제로 그런 일이 일어난 사례는 많다. 인도에서 발견된, 유아 시절부터 늑대들에 의해 키워지다가 발견된 소녀 카마라의 경우가 대표적인 예다. 그 아이는 8살 때 발견된 뒤 문명 교육을 긴 세월동안 받았음에도 불구하고 인간이 되지 못하고 결국 늑대 상태로 이른 나이에 죽었다. 말도 전혀 못 배우고 서서 걸어 다니지도 못했다.

우리는 『로빈슨 크루소』 말고도, 밀림 속에서 늑대 어미한테 키워진 모글리 소년이 주인공으로 나오는 키플링의 소설 『정글북』이나, 마찬가지 경로로 고릴라 어미한테 키워지다가 밀림의 왕자가 된다는 씩씩한 남자의 이야기인 버로스의 소설 『타잔』을 재미있게 읽고 있다. 그리고 고개를 끄덕이며 소설 내용을 사실

그대로 받아들인다. 그러나 그런 경우는 실제로 한 번도 없었다. 모두 다 문명화된 인간에게 발견된 뒤에도 야생동물 상태 그대로 생존해나갔을 뿐이다.

◈

이성은 인간에게만 선천적(또는 선험적)으로 부여된 특권이 아니다. 그것은 오로지 후천적 교육(또는 가혹한 훈련)에 의해서 만들어지는 것이다. 유아기 시절의 교육은 그래서 중요하다. 데카르트는 칸트 등의 다른 이성론자들과 비슷하게 이성을 '신의 선물'로 보는 실수를 범하고 말았다.

◈

데카르트가 후대에 남긴 가장 확실한 업적은 '해석 기하학'을 창시했다는 것이다. 그는 사상가이기 이전에 뛰어난 수학자였다.

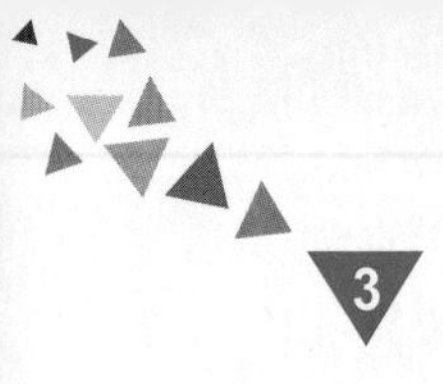

3

소설로 기독교적 설교를 펼친 이중인격자
톨스토이

톨스토이의 작품들 가운데 문학성이 뛰어난 것이 있다면, 그것은 그가 방탕하게 놀았던 젊은 시절에 쓴 작품들이다. 『소년시대』 『청년시대』 『까자끄 사람들』 같은 소설이 여기에 해당된다. 예수를 하늘같이 떠받들면서 비폭력 평화운동을 벌이며 일종의 '톨스토이교(教)'의 교주 노릇을 한 후기의 작품들은 소설이 아니라 설교다.

역사상 고약한 악처(惡妻)로 소문난 여자들이 몇 명 있다. 그 가운데 첫째로 손꼽히는 여자가 소크라테스의 부인인 크산티페이고, 둘째는 톨스토이의 부인인 소피아이다. 그런데 최근 들어 여러 문학사가(文學史家)들(대표적인 학자로 J. 라브린을 꼽을 수 있다)의 노력에 의하여, 톨스토이의 부인 소피아가 악처였던 게 아니라, 오히려 남편인 톨스토이 쪽에 더 문제가 있었다는 쪽으로 결론이 기울어가고 있다.

◈

유명한 문학가들 가운데 정신적 사랑을 인생의 첫째가는 주제로 내세워, 평생 동안 사랑의 본질이 무엇인지, 그리고 어떻게 사랑하는 것이 가장 훌륭한 사랑의 실천방법인지 고심한 이가 바로 톨스토이였다. 그는 『인생론』『종교론』『예술론』『참회록』 등의 논문에서 거의 사랑에 대해서만 얘기하고 있다.

특히 러시아 민담을 부연 · 각색하여 꾸민 동화집인 『사람은 무엇으로 사는가』는 그가 쓴 사랑의 이야기 가운데 가장 백미로 손꼽힌다. 사람은 (하나님이 주신) '사랑' 때문에 살아간다는 것이 그 책의 주제라고 할 수 있다.

이밖에도 『부활』『안나 카레니나』『크로이체르 소나타』 등의 본격적인 소설 역시 톨스토이가 평생 동안 추구했던 정신적 사랑의 구체적 실천 문제에 대한 고뇌의 기록이라고 볼 수 있다.

그런데 기이한 일은, 그처럼 사랑의 절대적 가치를 부르짖은 톨스토이의 사생활이 그리 행복하지 못했다는 사실이다.

지금까지는 그가 불행한 가정생활을 하게 된 것이 오직 부인 때문이라고만 알려져 왔다. 톨스토이의 성자적(聖者的) 생활 태도에 비해서 부인 소피아의 생활 태도는 지극히 속되고 사치스럽기만 했다는 것이다.

톨스토이는 그것을 꾹꾹 참고 견뎌나가다가 죽기 직전 도저히 부인의 횡포를 견뎌내지 못해 가출을 결행하게 되고, 결국 객사(客死)하고 말았다는 것이 지금까지 사람들이 알고 있는 상식이었다.

◈

하지만 최근에 밝혀진 자료들에 따르면, 불행의 원인은 오히려 톨스토이 쪽에 있었다. 그는 정신적으로는 지독한 금욕주의자이면서도 실제로는 지독한 색정광(色情狂)이었던 것이다. 그는 진정한 사랑이란 오직 '정신적인 사랑'이라고 믿었다. 그러나 그의 타고난 정력은 그를 명실상부한 금욕주의자가 되지 못하게 했다.

◈

그는 끊임없이 솟아오르는 성욕을 억제하지 못하는 자기 자신이 마치 악마처럼 느껴졌고, 여성을 성욕을 도발시키는 원흉으로 몰아붙여 스스로의 죄책감에서 벗어나려고 했다. 그러다 보니 언제나 부인과의 생활은 불편하고 찜찜한 것이 될 수밖에 없었다.

◈

소피아가 열여섯 번이나 임신하고 열세 명이나 되는 자녀를 낳았다는 사실로 미루어 보아, 톨스토이가 결코 성생활을 포기하진 않았다는 것을 알 수 있다. 그는 아내뿐만 아니라 집안의 많은 하녀들과도 몰래 성관계를 가졌다고 한다.

◈

그런데도 그는 늘 성행위를 하고 나서 더 깊이깊이 후회하고, 다시 끓어오르는 성욕을 주체하지 못하여 또 성행위를 하고 더 깊이 참회하는 과정을 일생 동안 되풀이하였다. 보통의 정상적인 여자였던 아내 소피아의 입장에서 볼 때, 톨스토이는 완전한 이중인격자요 성격파탄자로 보였을 게 틀림없다.

톨스토이가 겉으로는 욕망을 이겨낸 성자인양 행세하면서 밤

마다 야수로 변하는 것을 보며 그녀는 남편을 경멸하지 않을 수 없었을 것이다. 그런데도 그녀는 남편의 곁을 떠나지 않고 헌신적으로 봉사했다. 톨스토이의 원고를 정서해 준 이가 바로 소피아였고, 재산 관리를 잘하여 톨스토이의 낭비벽을 뒷마무리해 준 이도 소피아였다.

◈

톨스토이 부부가 비극적인 결혼 생활로 시종하게 된 궁극적 이유는 물론 어떤 형태로든 속궁합이 맞지 않았기 때문일 것이다. 그러나 내가 보기에는, 톨스토이가 만일 다른 여자와 결혼했다고 해도 그 결과는 마찬가지였을 것 같다. 성욕을 죄악시하거나 또는 '필요악'으로 간주하는 사람이 결혼을 한다고 할 때, 그 결과는 불을 보듯 빤한 것이기 때문이다.

톨스토이도 몇 번 별거를 시도한 일이 있다. 그러다가도 다시 아내에게로 돌아가곤 했다. 사회의 이목이 두려워서였을 것이다. 그는 차라리 혼자서 살았더라면 더 좋을 뻔했다. 혼자서 쓸쓸히 자위행위나 하면서 성욕을 달랬다면, 가족들한테 그토록 피해를 끼치진 않았을 것이다.

◈

우리 주변에는 톨스토이 같은 남자나 여자들이 아직도 너무나 많은 것 같다. 사랑과 성(性)을 분리시킬 때, 거기에 남는 것은 지옥 같은 고뇌와 위선적인 행위밖에 없는 것이다.

◈

톨스토이의 대표적 장편소설로는 『전쟁과 평화』와 『안나 카레니나』를 꼽을 수 있다. 그런데 사실 이 소설들을 자세히 정독한 독자는 드물 것이다. 너무나 지루한 잔소리가 많이 들어가 있기 때문이다. 특히 『전쟁과 평화』에는 중간중간에 긴 '논문' 비슷한 것들이 자주 삽입된다. 『안나 카레니나』에서도 그건 마찬가지다. 두 작품이 여러 번 영화화되었기 때문에, 영화만 보고 원작 소설은 안 읽는 사람들이 많다.

◈

위의 두 소설에서 내가 의문점을 느꼈던 것은, 농노와 민중들을 사랑한다고 그토록 외쳐댔던 톨스토이가 왜 '귀족들의 사랑놀음'을 소재로 삼았는가 하는 것이다. 『전쟁과 평화』에서 나폴레옹과 러시아간의 전쟁은 단지 껍데기일 뿐이고, 진짜 알맹이는 여주인공 나타샤의 사랑이기 때문이다.

영화를 보면 알 수 있듯이(오드리 햅번이 나타샤 역을 맡은 1950년대에 미국이 만든 영화가 제일 잘 만든 영화다. 러시아에서 만든 영화는 상영 시간이 7시간이나 되어 매우 지루하다), 그녀가 사는 저택은 궁궐만큼이나 넓고 호사스럽다. 그리고 나타샤와 사랑을 나누는 피에르 역시 많은 농노를 거느린 귀족이면서 대지주이다.

◈

『안나 카레니나』 역시 권태로운 귀족 부인인 안나의 혼외정사를 다루고 있다. 그녀의 남편은 귀족이면서 정부의 고관이고, 그녀와 바람을 피우는 고급 장교 역시 귀족이다. 톨스토이의 소설 중에서 일반 평민이나 농노가 주인공으로 나오는 소설은 하나도 없다. 『사람은 무엇으로 사는가』라는 민화집에는 평민들이 나오지만, 그저 동화에 불과할 뿐 본격적인 소설은 아닌 것이다.

특히 나는 『안나 카레니나』가 왜 사실주의를 대표하는 명작으로 꼽히는지 그 이유를 알 수가 없다. 마지막 부분을 안나의 자살로 처리했을 만큼, 이 소설은 구태의연한 주제인 '권선징악'을 밑바탕에 깔고 있기 때문이다.

하긴 그런 식으로 사실주의 명작소설을 쓴 작가가 또 한 명 있다. 『보바리 부인』을 써서 성공한 플로베르가 그렇다. 플로베르 역시 그 불륜소설에서 혼외정사에 빠져들었던 여주인공을 자살하게 만들고 있는 것이다.

◈

사실, 기혼 여성의 불륜을 다룬 사실주의(또는 자연주의) 소설들은 거의 다 여자 주인공을 죽게 하여 마지막 부분을 마무리 짓고 있다. 에밀 졸라가 쓴 『테레즈 라캥』도 그렇고, 훨씬 뒤에 미국에서 나와 엄청난 베스트셀러가 된 제임스 케인의 『포스트맨은 벨을 두 번 울린다』도 그렇다. '권선징악'에 대한 작가들의 집착 때문인지 아니면 여성 비하주의 때문인지, 그건 나도 잘 모르겠다.

◈

한때 '제2의 성서(聖書)'라고까지 불리며 칭송을 들은 톨스토이의 마지막 장편소설 『부활』은 사실주의 소설이 절대 못 되는 기독교적 설교 소설이다. 개연성 없는 내용 전개와 남주인공 네플류도프(역시 귀족이다)의 부자연스런 '참회'는 몹시 거북하게 읽힌다. 소설 끝 부분이 『신약성서』의 인용문으로 채워져 있을 만큼, 이 소설은 보수적인 목사의 설교 그 자체라고 할 수 있다.

◈

흔히들 도스토옙스키를 숭배하며 그가 심리적 사실주의를 완성시킨 작가이고, 톨스토이와는 격(格)이 다른 대문호라고 추켜올리지만, 내가 보기에는 도스토옙스키와 톨스토이는 완전히 한통속이다. 그 역시 '기독교적 설교꾼'에 불과한 것이다. 『카라마조프의 형제들』이나 『죄와 벌』 등에도 지루하기 짝이 없는 '기독교 예찬'이 나온다. 그런데 왜 우리나라 작가들이 거의 다 예외없이 도스토옙스키를 우러러 떠받드는지 나는 그 까닭을 모르겠다. 게다가 도스토옙스키는 지독한 '슬라브 민족주의자이자 국수주의자'였다.

◈

톨스토이의 작품들 가운데 문학성이 뛰어난 것이 있다면, 그것은 그가 방탕하게 놀았던 젊은 시절에 쓴 작품들이다. 『소년시대』 『청년시대』 『까자끄 사람들』 같은 소설이 여기에 해당된다. 예수를 하늘같이 떠받들면서 비폭력 평화운동을 벌이며 일종의 '톨스토이교(教)'의 교주 노릇을 한 후기의 작품들은 소설이 아니라 설교다.

◈

한국에서 톨스토이를 마음 깊이 존경하며 그의 작품을 모방한 작가로는 이광수를 들 수 있다. 그는 문학의 목적은 독자들의 인격수양을 돕는 것이라고 주장하며 유미주의적 문학을 배격했다. 톨스토이가 『예술론』에서 주장한 것 역시 '유미주의 문학의 추방'이었다.

따라서 톨스토이는 도저히 순수한 작가라고는 볼 수 없고, 예술가라고는 더더욱 볼 수 없다. 그는 문학을 도덕과 종교의 틀 안에 억지로 끼워 맞춘 어설픈 모럴리스트였을 뿐이다. 그리고 그것은 도스토옙스키 또한 마찬가지였다.

'무의식의 발견' 하나만 업적으로 건진 **프로이트**

프로이트가 유명해지기 시작한 것은 그의 저작 『꿈의 해석』 때문인데, 이 책에서 프로이트는 꿈이란 '무의식적 소망'이 상징적으로 표출된 것이고, 그 '무의식적 소망'은 모두 다 성(性)과 관계가 있는 것이라고 주장했다.

프로이트의 최대 업적은 '무의식'의 존재를 발견한 것에 있다. 그러나 '무(無)의식'이라고 하면 의식이 아예 없는 것을 뜻하므로 내 생각엔 '잠재의식'이라고 부르는 게 낫다고 본다.

◈

아무튼 프로이트는 실험적으로 증명하지는 못했지만 잠재의식(무의식)이 의식보다 인간의 행동에 훨씬 더 큰 영향을 미친다는 '가설'을 세움으로써 현대 심리학과 정신의학에 지대한 공헌을 했다고 볼 수 있다. 프로이트는 실제로 환자를 진료하면서 그의 모든 이론을 세워나갔으므로, 비록 의학이 아니라 인문학적 가치를 지닌다고 해도 경험적 심리학으로서의 가치를 보유하고 있다.

◈

프로이트의 잠재의식(무의식) 이론에 따르면, 우리가 아주 작은 실수를 하거나 사소한 기억을 잊어버린다고 해도 그것이 모두 잠재의식의 소치라는 것이다. 이를테면 누군가와 만나기로 약속했다가 약속시간이 됐을 때 그 약속을 잊어버린다면 만나기로 약속한 사람을 내심 싫어하고 있기 때문이라고 프로이트는 주장한다. 또 어떤 물건을 실수로 분실했다면, 그 물건에 싫증이 나서 그런 결과를 초래한 것이라고 보는 것이다.

프로이트가 유명해지기 시작한 것은 그의 저작 『꿈의 해석』 때문인데, 이 책에서 프로이트는 꿈이란 '무의식적 소망'이 상징적

으로 표출된 것이고, 그 '무의식적 소망'은 모두 다 성(性)과 관계가 있는 것이라고 주장했다.

프로이트는 예전부터 전해 내려오는 '꿈 풀이'들은 모두 다 말짱 꽝이라고 주장했다. 다시 말해서 전혀 예언적 기능을 갖고 있지 않다는 것이다. 이런 주장에 반대한 것이 그의 동료였던 분석심리학자 융인데, 그런 의견 차이 등으로 두 사람은 결별하게 된다. 융은 프로이트의 '성욕 중심설'에도 반대했다.

내가 생각하기엔 꿈속의 모든 상징을 '성욕의 대리적 충족'으로 본 프로이트의 주장은 상당히 편파적인 주장으로 보인다. 동서고금을 통해 꿈이 예언적 기능을 가질 때가 많다는 것이 실례로 드러났기 때문이다. 이를테면 로마의 시저가 최고의 권좌에 오를 때 그것을 예지해주는 꿈(엄마와 섹스하는 꿈)을 꾸었다고 『플루타르크 영웅전』에서는 기록하고 있다. 이 꿈에서 엄마는 곧 국가를 상징한다.

프로이트는 인간의 가장 원초적인 소망이 '성욕의 완벽한 충족'이라고 보아, 그런 욕망을 '리비도'라는 말로 불렀다. 그러나 융은 인간의 원초적 소망(리비도)이 오로지 성욕만은 아니라고 보아 리비도를 '창조적 에너지'라고 생각했다.

하지만 프로이트는 죽을 때까지 '리비도 = 성욕' 이론을 고수했기 때문에, 그의 주장을 뭉뚱그려 '범(汎)성욕설'이라고 부른다.

프로이트가 틀림없는 사실이라고 확언하며 가설로 제시한 또 하나의 이론은 '오이디푸스 콤플렉스'이다. 오이디푸스 콤플렉스란 유아기 때 아들은 어머니와, 딸은 아버지와 섹스하고 싶은 욕망을 가진다는 것이다. 그리고 거기에 따라 아들은 아버지를 죽이고 싶어하는 욕망을 무의식적으로 갖고 있고, 딸은 어머니를 죽이고 싶어하는 욕망을 무의식적으로 갖고 있다고 주장했다.

이 이론은 많은 반대자들을 나타나게 했고, 프로이트가 그의 제자들과도 결별하게 되는 이유가 되었는데, 반대자 중 대표적인 사람을 꼽으라면 알프레드 아들러를 꼽을 수 있다.

아들러는 '열등감'과 '우월감'이라는 심리학 용어를 만든 학자로서, 그는 유아기 때 아들이 아버지에게 느끼는 가장 큰 감정은 아버지의 '권력'에 대한 열등감이라고 주장했다. 그러니까 인간의 원초적 소망은 성욕이 아니라 권력욕이라는 것인데, 이는 니체의 주장과 매우 흡사하다 하겠다.

◈

내 생각엔 큰 권력을 소유하면 성욕의 원활한 해소가 자연히 따라오게 되므로(옛날의 제왕들이 특히 그랬다. 요즘에는 '돈'이 곧 '권력' 역할을 하여 부자는 축첩 행위가 얼마든지 가능하다), 성욕보다는 권력욕이 먼저일 것 같다는 생각이 든다.

◈

프로이트는 사실 의사로서 많은 실수를 범했다. 육체적 질환을 무조건 정신적 질환으로 진단한 경우가 많았기 때문이다. 예를 들면 복통을 호소하는 어떤 여성 환자를, 기질적(해부학적) 원인에 의한 병이 아닌 심리적 원인에 의한 병(히스테리)으로 진단하여 계속 정신분석 치료만 하고 있다가, 자궁암에 걸려 있던 그 여성 환자를 죽게 한 일도 있다.

프로이트가 무의식의 거의 전부가 성욕과 관련된 것으로 이루어져 있다고 확신하게 된 것은, 그가 병원 개업 초기에 많은 여성 히스테리 환자를 치료했기 때문이다. 당시에는 성욕은 오직 남자에게만 있고 여자에겐 없는 것이라는 믿음이 정설처럼 퍼져 있었다. 그렇기 때문에 거의 모든 여성 환자가 앓는 히스테리의 원인이 '성욕의 억제'인 경우가 많았고, 프로이트는 치료행위를 통해 그 사실을 알게 되었다.

하지만 그 이후로 여권 신장이 이루어져 여성의 성욕 표출이 자유로워진 요즘 같은 시대에는, 프로이트의 획일적 진단은 무용지물이 되고 말았다.

◈

남성 우월주의적이었던 당시의 사회 분위기 때문에 프로이트가 실수한 또 하나의 이론은 '남근 선망'이라고 나는 생각한다. 모든 여성들은 페니스를 가진 남성을 부러워한다는 이론인데, 요즘 같은 여성 우월주의 시대에는 그런 이론이 통할 수 없다.

◈

요즘엔 자기가 남자라는 것이 싫어 여자처럼 돼보려고 애쓰며 여성 복장을 착용하는 이른바 쉬메일(Shemale) 남성들이 점점 더 늘어나고 있다. 그에 반하여 여자가 남자처럼 돼보려고 안달복달 하는 경우는 아주 적은 것이다. 요즘 세상에서는 남성으로 태어났다는 것이 자랑스럽지 못한 것이 되어버렸다

◈

프로이트는 또한 사디스트는 남자일 경우가 많고 마조히스트는 여자일 경우가 많다고 주장했는데, 당시엔 그런 이론이 통했을지 모르지만 요즘엔 남자 마조히스트 및 여자 사디스트가 점점 더 늘어나고 있다. 그러므로 프로이트의 이론을 100퍼센트 정답으로 믿어서는 안 된다.

◈

앞에서 말했듯이, 프로이트는 환자의 정신질환을 치료할 때 '정신분석 기법'에 의지하였다. 환자를 편안하게 눕혀 놓고 환자가 자유연상에 따라 떠오르는 말들을 뱉어내게 하여, 그것을 의사가 분석함으로써 억압된 기억을 찾아내는 것이다. '억압된 기억'은 대개 유아기 때의 정신적 상처(트라우마)일 경우가 많은데, 프로이트는 그것을 찾아내어 환자에게 자각시키기만 하면 정신질환 증상이 사라진다고 보았다.

◈

하지만 이런 방법은 상당한 치료 기간을 요구하기 때문에, 치료 비용이 너무 많이 들고, 또 아주 노련한 의사가 아니고서는 치료에 실패할 확률이 높다. 그래서 20세기 중반 이후로 '향(向)정신성 의약품'을 많이 개발하게 되었고, 요즘 정신과 의사들은 거의 다 정신분석 치료보다 약물 치료를 선호하게 되었다.

◈

약물 치료는 부작용이 따르긴 하지만 의료 비용을 줄여준다는 점에서, 보통 서민들한테는 훨씬 더 많은 치료 이익을 가져오게 했다.

내 생각엔 정신분석 치료와 약물 치료를 병행하는 것이, 치료 비용 문제를 제외한다면 가장 좋은 치료 방법이 될 것 같다.

◈

프로이트는 인간의 문명이 '성욕의 억압'에 기인하여 이룩된 것으로 보아 '승화'라는 개념을 도입했다. 예를 들면 위대한 화가가 되는 것은 '억압된 성욕'을 '그림 그리기'로 승화시켰기 때문이라고 보는 것이다. 하나 더 예를 들자면, 사디즘(가학 욕구)이

승화되면 합법적(?)으로 칼을 휘두를 수 있는 외과의사가 된다는 식이다.

하지만 나는 인류 문명의 발전이 '성욕의 억압' 때문에 이루어진 것이 아니라 '성욕의 발현' 때문에 이루어진 것이라고 본다. 예컨대 여성의 '섹시한 아름다움에 대한 욕구'가 '노출이 심한 의상의 유행'으로 발현되면서 여권 신장이 이루어졌다고 보는 것이다.

◈

프로이트는 철저한 일부일처제 옹호자였고, 내심으로 섹스를 싫어했다. 그는 다만 '정신질환 치료'를 위해 섹스 이론을 도입했던 것이다. 그래서 그는 '인간이 보다 즐겁고 자유롭게 섹스할 수 있는 사회 분위기의 창출'이라든지, '필연적으로 권태를 유발할 수밖에 없는 결혼제도에 대한 문제점 제기' 같은 것에는 관심을 두지 않았다. 그가 엄격한 헤브라이즘을 고수하는 유대인이었다는 점도 그 이유로 작용했다.

그러나 내가 보기에 판에 박힌 섹스에 따라오는 '권태' 문제를 도외시하는 성(性) 이론은 사상누각이다. 또한 '자유롭게 섹스를

할(즉 프리섹스를 즐길) 권리' 문제를 도외시하는 성 이론 역시 말짱 꽝이다. 프로이트는 '성의 억압'만 생각했지 '제도적 성(이를테면 결혼)의 억압'에 대해서는 전혀 생각하지 않았다. 그 점이 바로 프로이트의 한계다.

◈

인간이 다른 동물들과 다른 점은, '생식을 위한 섹스'만 하는 것이 아니라 '쾌락을 위한 섹스'도 한다는 것이다. 그리고 시대가 나아감에 따라 후자 쪽에 점점 더 무게를 두게 되었다는 사실이다.

그런데 프로이트에게 있어 섹스는 오직 생식을 위해서만 존재하는 것으로 비쳤다. 다른 동물들과는 다르게 인간에겐 특정한 '발정기'가 따로 없다는 사실도 프로이트에겐 관심 밖의 일이었다.

내가 생각하기에, 인간은 평생토록 '유아기적 섹스'를 그리워하면서 살아간다. 유아기적 섹스란 '비생식적 섹스'로서, 쉽게 말하여 '변태적 섹스'다. 사디즘, 마조히즘, 페티시즘, 항문성애, 구강성애, 동성애 같은 것들이 바로 유아기적 섹스이면서 변태적인 섹스다.

그러므로 섹스에 있어 '정상'과 '변태'의 구별은 무의미한 것이다. '변태'라는 말은 '여러 가지 성적(性的) 취향 중의 하나'라는 의미로 쓰여야 한다.

◈

나는 프로이트가 '즐겁고 유쾌한 섹스'와 '물리지 않는(즉 권태롭지 않은) 섹스'에 대해서 전혀 언급하지 않았다는 점에서, 앞으로의 성 이론은 프로이트적 성 이론의 범주를 뛰어 넘어야 한다고 생각한다. 그러므로 프로이트의 업적은 '무의식의 발견' 하나에만 있다.

5

정력 콤플렉스에 빠진 공처가였던 D. H. 로렌스

『채털리 부인의 사랑』은 20세기 전반기에 쓰인 작품이기 때문에 금욕적인 모습의 성 풍속 묘사가 어느 정도 당연하다고 여겨진다. 그러나 요즘 우리나라의 부부들이라고 해서 과연 누구나 다 거리낌 없이 홀딱 벗고 성희를 즐기고 있다고 확실히 장담할 수 있을까?

D. H. 로렌스의 대표작은 역시 『채털리 부인의 사랑』이다. 『무지개』나 『아들과 연인』도 좋은 작품이긴 하지만 성(性)에 대한 구체적인 언급이나 리얼한 묘사가 없어 너무 뜨뜻미지근하게 느껴진다. 20세기 초반의 작품들이라서 그런지 눈치를 너무 많이 보고 있다. 하긴 지금 봐서는 별로 야하지도 않은 『무지개』가 음란

도서로 낙인찍혔을 정도이니 그 당시의 사정을 짐작할 만하다.

◈

그러나 로렌스의 마지막 작품인 『채털리 부인의 사랑』은 그가 정말 '이를 악물고' 자비출판을 시도했을 정도로 야한 구석이 많다. 주제나 스토리는 별도로 치더라도, 여인의 나체에 대한 상세한 묘사나 남성의 성기 및 음모(陰毛) 등에 대한 세밀한 묘사가 많아 당시로서는 가히 '메가톤'급 에로소설로 찍힐 만도 했다.

◈

나는 『채털리 부인의 사랑』을 중학교 때 처음 보았는데, 그때 내가 경험한 충격은 정말 필설로 표현할 수 없을 정도였다. 특히 마지막 부분에서 여주인공 코니가 빗속의 초원을 알몸으로 뛰고, 정부(情夫)인 멜러즈가 곧바로 뒤쫓아가 그녀와 함께 뜨거운 야합(野合)을 벌이는 장면은 어린 나를 미친 듯이 달뜨게 했다.

그런 뒤 두 사람은 초원에 피어 있는 작은 들꽃들을 꺾어와 상대방의 음모 속에다가 하나하나 박아 넣는다. 섹시함과 우아함이 한데 겹쳐진 진정 아름다운 관능미의 극치였다.

◈

그 뒤로 나는 줄곧 『채털리 부인의 사랑』을 잊고 있었다. 한번 읽은 책을 두 번 다시 꼼꼼하게 정독할 사람은 아마 없을 것이다. 그러나 내 전공이 전공이니 만큼 나는 요즘 와서 다시 그 소설을 읽어보게 되었다. 새 작품을 써야겠는데 구상이 잘 되지 않아 혹시 참고 될 것이 없나 해서였다.

◈

그런데 내가 다시 『채털리 부인의 사랑』을 읽어본 소감은 그 책이 너무나 '안 야한' 소설이라는 사실이었다.

변태적인('창조적'이라는 의미로서) 애무는 하나도 없고 오직 '숫골인'만 있으며, 남성의 페니스에 대한 터무니없는 숭배와 예찬(학술 용어로는 '남근 숭배'라고 한다)만 있을 뿐이었다.

그래서 나는 시대와 장소를 초월하여 누구에게나 신선한 충격과 감동을 줄 수 있는 작품을 쓴다는 것이 얼마나 어려운 일인가를 절실히 깨달을 수 있었다.

『채털리 부인의 사랑』에는 여주인공 코니가 마치 남성의 페니스를 생전 처음 보기라도 한 듯이 이리저리 만져보면서 관찰하며 계속 탄성을 연발하는 장면이 거듭 나온다. 나도 예전에 읽었

을 때는 그것이 아주 당연한 표현인 줄로만 알았다. 왜냐하면 코니의 남편인 채털리가 하반신을 못 쓰는 성 불구자로 되어 있기 때문이다.

◈

그런데 이번에 다시 읽으면서 자세히 앞뒤를 연결시켜 보니 조금 이해되지 않는 부분이 있었다. 코니의 남편 채털리는 결혼 초부터 성 불구자였던 게 아니라 한 달간 허니문을 즐긴 후 전쟁에 나갔다가 부상을 입고서 성 불구자가 된 것으로 나와 있기 때문이다. 그런데도 코니는 샛서방인 멜러즈의 페니스를 보면서 생전 처음 봤다는 투로 얘기하고 있다.

◈

나는 이러한 점이 꽤나 이상하다고 생각했는데 그러한 의문은 얼마 안 가 곧바로 풀렸다. 그것은 채털리가 성 불구자이기 이전에 철저한 정신주의자요, 섹스를 오직 종족보존 수단으로서의 '필요악'으로 간주하는 금욕주의적 인물로 묘사되어 있기 때문이었다.

◈

그러니까 내 나름대로 추리해 보자면 코니와 채털리는 신혼 때도 속옷을 입고서 불을 끈 채 엉거주춤 '숏 골인'만 했다는 얘기가 된다. 그래서 코니는 남자의 나체를 전신으로 볼 수 없었고 페니스가 어떻게 생긴 물건인지 자세히 살펴볼 수도 없었던 것이다. 그러다가 처음으로 불을 켜놓은 채 멜러즈의 나신과 페니스를 자세히 들여다보게 되었으니 그녀가 미쳐서 환장을 하게 될 만도 했다.

멜러즈는 본처와 별거 중인 중년 남자로 나오는데 그 역시 코니의 나신을 이리저리 뜯어보며 계속 감탄한다. 그리고 그녀와 정사를 가질 때 이외에는 홀딱 벗고 있기를 꺼려하는 인물로 나오는 것이다. 그가 가운데 자지 부근을 셔츠로 가리고 서 있자 코니가 셔츠를 치우라고 시키는 대목을 봐도 저간의 사정을 짐작할 수 있다.

『채털리 부인의 사랑』은 20세기 전반기에 쓰인 작품이기 때문에 금욕적인 모습의 성풍속 묘사가 어느 정도 당연하다고 여겨진다. 그러나 요즘 우리나라의 부부들이라고 해서 과연 누구나

다 거리낌 없이 홀딱 벗고 성희를 즐기고 있다고 확실히 장담할 수 있을까?

◈

물론 젊은 세대로 내려갈수록 당당하게 야한 모습으로 성희를 벌이는 커플이 많을 것이다. 그러나 전반적으로 볼 때 우리나라 사람들의 '사랑놀이'는 대부분 코니와 채털리 사이에 벌어진 '거북한 숏 골인' 상태에 머물러 있다고 본다. 성기의 노출 자체를 창피해 하면서 성교를 한다는 것 자체가 기막힌 아이러니인데, 그러한 아이러니가 아직도 우리나라에서는 '동방예의지국'이라는 명분하에 바람직한 성관계로 권장되고 있지나 않은지 모르겠다.

'채털리' 같은 남편을 가진 유부녀들이 아직도 너무나 많은 것 같다. 그러다가 '멜러즈' 같은 '제비'를 만나면 졸지에 뿅 돌아가지고 '성급한 포식'을 하게 되는 것은 아닌지!

로렌스는 허약한 체질을 갖고 태어난 남자였다. 그래서 그는

40대 나이에 일찍 죽는다. 허약한 체질의 남자가 왕성한 정력을 갖고 있기는 힘들었을 것이다.

◈

그런데도 그의 성애소설들에는 남자 주인공이 모두 다 절륜한 정력을 갖고 있는 것으로 나온다. 『채털리 부인의 사랑』에 나오는 남주인공보다 더 센 정력을 갖고 있는 남자가 나오는 소설로는 『날개 돋친 뱀』이 있다. 원시적 정력과 무한한 카리스마를 가진 남자가 나와 여주인공을 밤마다 우악스런 섹스로 케이오(K.O.) 시킨다.

◈

그러니까 로렌스가 소설을 쓸 때 그런 남자들만 등장시킨 것은, 자기의 '정력 콤플렉스'를 대리 보상받기 위한 방편이었다고 볼 수 있다. 또한 로렌스의 마누라는 연상의 나이인데다가 기가 세어서, 로렌스는 늘 마누라를 무서워하며 공처가로 지내야 했다.

◈

나도 한국전쟁 때 태어난 관계로 어머니의 뱃속에서 못 먹어

가지고, 태어난 이후로 줄곧 약골로 지내야 했다. 어머니가 영양 부족이라 모유도 안 나와, 좁쌀미음으로 어렵게 자라났다고 한다. 그러니 정력이 왕성했을 리 없다.

◈

하지만 나는 대학시절 이후로 이런 저런 연애를 여러 번 해보면서, 섹스를 함에 있어 남자의 정력(즉 자지의 발기력과 지속력)이 그리 큰 문제가 될 수 없다는 것을 알게 되었다. 그리고 헤비 페팅을 포함하는 넓은 의미에서의 섹스 행위를 할 때 가장 중요한 것은 자지나 보지가 아니라 '혀'라는 사실을 깨닫게 되었다. 거기에 하나 더 추가할 것이 있다면 완전히 벌거벗고서도(물론 환한 조명 밑에서) 전혀 창피해하지 않을 수 있는 '뻔뻔함'이 될 것이다.

◈

로렌스 자신 및 그가 쓴 소설에 나오는 섹스는 모두 다 '삽입 성교'를 위주로 하는 섹스이다. 흔히 '정상적 섹스'를 의미하긴 하지만 삽입 성교만 되풀이 하다 보면 전혀 재미가 느껴지지 않아 '권태'를 느끼게 될 확률이 높다.

◈

21세기 이후의 섹스를 생각해 볼 때, 가장 먼저 찾아올 것은 '삽입 성교의 몰락' 현상이다. 벌써부터 S·M 섹스, 페티시 섹스, 동성애 섹스 등 '삽입'이 빠져도 훨씬 재미있는 '유희적 섹스'가 유행하고 있기 때문이다. 섹스는 이제 '인터코스'가 아니라 '핥기, 빨기' 등의 성희(性戱) 중심의 섹스가 되어가고 있다.

S·M 섹스의 경우라면, 남녀 간의 합의하에서 이루어지는 '때리기와 맞기' '지배하고 복종하기' 등 여러 가지 헤비 페팅 중심의 '놀이로서의 섹스'가 될 것이다.

◈

로렌스의 『채털리 부인의 사랑』이 다른 성 문학 작품들과는 달리 여러 종류의 '세계문학전집'에 당당하게 끼어들어갈 수 있게 된 까닭은, 거기에 나오는 섹스가 이른바 '정상적인 삽입 성교' 하나뿐이라는 사실에 있다. 이것은 정말 요즘의 현실과는 너무나 동떨어진 난센스다.

◈

로렌스가 죽은 후 한참 있다가 1968년에 프랑스에서 '68 혁명'이 일어났다. '68 혁명'은 파리의 대학생들이 일으킨 것이었지만 차츰 노동자 및 시민들에게까지 확대되어 당시의 드골 정권을 붕괴시켰다. 68 혁명의 슬로건 가운데는 '상상의 자유'와 '성해방'이 들어가 있었고, 1968년을 기점으로 하여 서구에는 '성(性) 혁명'의 물결이 몰아닥치게 된다.

◈

프랑스의 '68 혁명' 못지않게 프리섹스 운동을 촉진시킨 것은 미국에서 1960년대 초반부터 생겨난 '히피 문화'였다. 남녀 모두 머리를 예수처럼 길게 기르고서, 월남전 참전을 거부하며 히피 운동을 주도한 젊은 세대들 역시 프리섹스를 주장했다.

섹스를 자유롭게 해야 그들이 주장하는 '평화로운 세상'이 이루어진다는 것이다. 그들은 남녀가 한데 섞여 그룹섹스도 즐겼는데, 그래서 어머니는 알아도 아버지가 누군지는 모르는 아이들이 많이 태어났다. 히피 그룹은 그런 아이들을 공동양육했다.

◈

히피 문화는 10년 정도 미국의 대학가를 휩쓸다가 차츰 사라져갔는데, 그것이 사회에 가져다준 영향력은 막강하였다. 퇴폐적이고 자유로운 성(性)의 촉진제 역할을 했던 것이다.

◈

나는 1969년 봄에 대학에 입학하여, '68 혁명'을 흉내냈던 당시의 대학 문화를 맛보기도 하고, 요즘의 '원 나잇 스탠드'보다 훨씬 더 허무주의적 퇴폐가 흐르던 히피들의 프리섹스 문화를 접하기도 하였다.

◈

그런데 대학원 졸업 후 젊은 나이에 교수가 되어 대학생들과 어우러지면서 알게 된 것은, 1980년대 이후의 대학생들이 겉으로는 야하게 꾸미되 속으로는 여전히 '로렌스적(的) 섹스관(觀)'을 고수하고 있다는 사실이었다.

남학생들은 아직도 삽입 성교에 집착하고 있고, 자기와 결혼할 여성의 혼전순결을 요구하고 있다. 여학생들 중에는 시집을 갈 때 숫처녀로 위장하기 위해 처녀막 재생수술까지 서슴지 않는다. 이것은 분명 명백한 퇴보다.

◈

우리는 한시바삐 로렌스적(的) 성관(性觀)에서 벗어나야 한다. 그리고 '68 혁명 정신'으로 돌아가야 한다. 한국의 발전을 위해서는 자유롭고 솔직한 성 문화를 포함하는 보다 진보적인 성 의식의 변화가 반드시 필요한 것이다. 자유로운 섹스는 우리의 삶을 활기차게 해주고 창조적으로 만들어주는 묘약(妙藥)이기 때문이다.

Part 3

나만 잘났어!

: 너무 먼 곳만 바라보던 동 · 서양 사상가들

플라톤

·

니체

·

루소

·

예수

·

석가

1

헛된 '이데아'에 매달린 플라톤

플라톤의 '철인 독재론'은 후대에 가서 많은 독재자들이 자신의 독재정치를 합리화하는 근거를 마련해주었다. 그래서 러시아의 스탈린과 중국의 모택동, 그리고 북한의 김일성 등은 다수의 정치철학적인 저서를 남겼다. 또한 그것을 추종하는 어용적 정치 이론이 신성시되어 민중들을 옭아매는 역할을 톡톡히 해냈던 것이다.

플라톤이 시종일관 주장한 것은 '이데아'였다. 이데아는 감각적으로는 접촉할 수 없는 무형(無形)의 '실재(實在)' 또는 '본체(本體)'이다. 가장 이상적인, 그리고 불변하는 진리의 궁극에 서 있는 관념적 본질이 이데아라고 할 수 있다.

그러나 플라톤은 관념적 인식만을 중시하고 감각적 또는 감성적 인식을 부정하는 편협성을 보였다. 그것은 나중에 가서 헤겔과 데카르트와 칸트의 '이성 만능주의'로 발전하는데 확고한 근거를 마련해주었다.

하지만 현대에 이르러서는 이성(뇌)보다 감성과 감각(몸)이 더 중요하다는 사상이 대두함으로써, 플라톤의 관념 제일주의는 허물어질 조짐을 보여주고 있다. 가장 이상적인 선(善)이 바로 이데아이며, 인간은 응당 이데아를 목표로 삼아 살아가야 한다는 그의 주장은 모든 민중들을 '도덕의 올가미' 속으로 몰아넣는 역할을 했다.

그러나 도덕이나 윤리는 시대상황과 환경에 따라 얼마든지 바뀔 수 있는 것이다. 이를테면 청교도주의가 극성을 부렸던 미국 초기 시절에는 '여성 상위 체위'로 섹스를 해도 그것은 부도덕한 것으로 간주되었다. 하지만 현대에 이르러서는 상호 합의하에 그보다 훨씬 더 변칙적인 섹스를 한다고 해도 그것을 '부도덕하다'고 말하지는 않는다. '변태 성욕'이란 말은 이제 정신질환 항목에서 빠져버렸다.

◈

플라톤이 후대에 남긴 가장 고약한 사상은 그의 '이상(理想) 국가론'이다. 그는 고매한 철인군주(哲人君主)가 독재정치를 하는 것이 가장 이상적인 국가를 만들 수 있는 첩경이라고 주장했다. 말하자면 중국의 공자가 주장한 성군(聖君)에 의한 독재와 비슷한 맥락의 주장을 펼친 셈이다.

그는 늘 아테네의 민주정을 중우정치(衆愚政治)라고 비웃으며 못마땅해 했다. 그런 생각은 그의 스승 소크라테스의 영향을 받아 형성된 것이었다.

◈

사실 소크라테스가 사형선고를 받고 죽어간 것은, 당시의 엘리트들이 소크라테스의 대중적 인기를 시샘해서가 아니라, 그가 민주정을 포퓰리즘이라고 비웃으며 엘리트 독재(귀족정)를 주장했기 때문이다. 대다수의 아테네 시민들은 민주주의 정치 체제가 무너질까 두려워 소크라테스를 처형하지 않을 수 없었던 것이다.

◈

플라톤의 '철인 독재론'은 후대에 가서 많은 독재자들이 자신의 독재정치를 합리화하는 근거를 마련해주었다. 그래서 러시아의 스탈린과 중국의 모택동, 그리고 북한의 김일성 등은 다수의 정치철학적인 저서를 남겼다. 또한 그것을 추종하는 어용적 정치이론이 신성시되어 민중들을 옭아매는 역할을 톡톡히 해냈던 것이다.

◈

플라톤의 이상국가론이 가장 황당하게(?) 구현된 나라가 바로 김일성 왕조국가인 북한이다. 김일성은 위대한 철학자 군주로 격상되어, 공산주의도 아니고 사회주의도 아닌 황당한 김씨 왕조국가가 탄생하게 되었다.

◈

이렇게 숨 막히는 '통제'만이 이상 국가를 건설할 수 있다는 주장은 후대에 가서 토마스 모어(영국)의 『유토피아』라는 저서와 강유위(중국)의 『대동서(大同書)』라는 저서로도 구체화된다. 우리가 '지상낙원'이라는 의미로 쓰고 있는 '유토피아'란 말은 사실

좋은 뜻을 가진 말이 아니라 끔찍한 뜻을 지닌 말인 것이다.

◈

플라톤의 이데아론(論)은 또한 1,000년간이나 지속된 서구 중세기 암흑시대를 지배한 기독교 이데올로기의 확립에 큰 도움을 주었다. 당시의 스콜라 철학자들이 기독교 독재를 합리화하기 위해서 정립한 '기독교 철학'의 중심 기둥 역할을 해줬기 때문이다. 그들은 신(神)이 곧 이데아라고 주장했다.

◈

사실 예수가 남긴 소수의 단순한 언명(言明)들을 깊이 있는 철학이나 이데올로기로 격상시키기는 어려웠다. 성서 고고학자들의 주장을 따른다면, 예수가 전도한 기간이 고작 1년밖에 안 되기 때문이다.

◈

그래서 기독교에다가 모든 학문 위에 군림했던 철학의 외피(外皮)를 씌우기 위해 교부(敎父) 철학자들은, 플라톤이 상정한 '궁극적 본질'로서의 이데아를 하느님(神)과 동격(同格)으로 설정해 놓고서 기독교 철학을 짜맞춰내기에 이르렀다.

따라서 플라톤은 사상(史上) 최고의 철학자로 숭배되었고, 그 영향이 지금까지도 미쳐 "서양철학은 모두 플라톤 철학의 주석에 지나지 않는다"는 황당한 신화를 낳게 했다.

◈

내가 보기에 플라톤의 이데아론은 조선왕조를 망국으로 치닫게 한 주자학의 이기론(理氣論) 만큼이나 지극히 불투명한 공리공론에 지나지 않는다. 그리고 그가 설파한 '엘리트 독재 만능주의' 역시 민주주의 발전에 큰 해가 된다. 그럼에도 불구하고 현대철학이 아직도 플라톤 철학을 기웃거리며 존재의 명분을 찾고 있다는 것은 실로 퇴영적인 발상이 아닐 수 없다.

플라톤은 또한 예술이 가치 없다고 주장하며 '시인 추방론'을 외쳤다는 점에서도 악명이 높다. 그는 예술작품에 대한 '검열'의 정당성을 부르짖었다. 그래서 예술작품(특히 문학)에 대한 검열의 철폐를 주장하며 '표현의 자유'를 외치는 자유민주주의자들은 '매서운 검열의 잣대'를 달리 일컬어 '플라톤의 돋보기'라고 부른다.

◈

그가 주장한 '시인 추방론'의 골자는 국가의 이익에 반(反)하는 시인(예술가)들을 다 나라 밖으로 쫓아내야 한다는 것이다. 시인들은 공연히 성욕이나 감상(感傷)을 부추겨 국민들을 정신적 혼란 상태에 빠뜨린다는 것이 그 이유였다.

그러면서 그는 소수의 시인들만은 그대로 남겨두어 국가의 이익에 종사하도록 해야 한다고 주장했는데, 쉽게 말하자면 「애국가」나 「삼일절 노래」나, 「새마을 운동 노래」 같은 음악의 가사 작가는 필요하다는 이유에서였다. 실로 가공할 무지(無知)라 하지 않을 수 없다.

한국에는 아직도 플라톤 신봉자들이 많아, 문학작품의 검열(심의)을 서슴없이 자행하고 있다. 그런 면에서 볼 때 한국은 아직도 GDP와는 상관없이 문화적 후진국에 속한다고 볼 수 있다.

◈

플라톤은 일종의 유심론자(唯心論者)였다. 그는 데모크리토스의 유물론에 반기를 들어 이성제일주의의 유심론을 확립했다.

그러나 사실 '심(心)'과 '물(物)'은 따로 분리될 수 있는 것이 아니다. 심(心)이 물(物)에 영향을 줄 수도 있고 물(物)이 심(心)에 영향을 줄 수도 있다.

◈

이를테면 건강이 나빠져 몸이 아프다 보면 마음도 우울해지게(아프게) 된다. 또 그와는 반대로 마음속에 억울함과 울화가 생기면 육체적 질병(정신신체증)으로 발전할 수도 있는 것이다.

◈

이러한 사실을 일찍이 간파했던 이들이 바로 중국의 한방의학자들이었다. 그러나 플라톤주의의 영향 아래서 의학을 습득한 서양의 정신의학자들은 지금까지도 모든 병의 원인을 심리적인 데서만 찾으려 하는 것이다.

우울증이나 노이로제 등의 정신질환은 몸의 '대사 이상(異常)'에서 비롯될 수도 있다("간이 부었다"). 프로이트 이론에 기반을 두고 있는 서양 정신의학의 한계는 어찌 보면 플라톤으로부터 비롯되었다고 볼 수 있다.

발명왕 에디슨은 어렸을 때 뇌를 심하게 다치고 나서부터 천재적 발상을 하게 됐다는 주장도 있다. 그리고 화가 빈센트 반 고흐의 광적(狂的)인 천재성은 그가 뇌 매독 질환을 앓아서 생긴 것이라고 주장하는 학자도 있다.

플라톤은 진실한 사랑은 정신적 사랑뿐이라고 주장하였다. 그리고 육체적 사랑을 천박한 것으로 보아 성욕을 억눌러야 한다고 설파했다. 이런 생각 또한 중세 암흑시대를 풍미했던 "성(性)은 일종의 악(惡)이다"라는 변태적 사상을 낳게 만들었다.

◈

플라톤은 '이데아 = 영혼'이라는 등식을 시종일관 주장하여, 육체 중심의 생활을 하등(下等)한 것으로 보았다. 말하자면 육체적 본능을 억눌러야만 이데아의 상태에 도달할 수 있다고 본 것이다.

그러나 현대에 이르러 '영혼'은 그 실체가 아리송한 공상적 가정에 지나지 않는다는 사실이 차츰 입증돼가고 있다. 영혼이 뇌에서 나온다고 하더라도, 뇌 역시 육체의 일부인 것이다.

동양의 한방의학 이론에서는 '이데아' 즉 영혼은 없고 오직 '기(氣)'만 있다고 주장한다. 그런데 '기'를 주관하고 있는 장기는 신장이다. 그래서 '신기(腎氣)'라는 말이 이루어졌다. '신(腎)'은 또한 섹스를 주관하고 있기도 하므로, '섹스=기(氣)'라는 등식이 성립된다. 말하자면 모든 신진대사의 바탕은 섹스에 있다고 본 것이다.

관능적 쾌감을 뺀 사랑은 있을 수 없다. '영혼의 사랑'이야말로 중세 암흑시대를 풍미했던 진짜 변태적인 사랑이 될 수밖에 없는 것이다.

플라톤의 사상은 요컨대 인식론적·존재론적 관념론이다. 그는 모든 감각적 대상은 지극히 변덕스러운 것이라고 보아 경멸하였다. 또한 그는 '참다운 지식'의 발견이 가능하다고 믿었다. 그러나 아직까지도 '확정된 진리'가 발견되지 못했다는 점에서 볼 때, 그리고 '진리'는 항상 유동적이라는 사실로 볼 때, 그는 지극히 공상적이고 바보같이 낙관적인 사상가였다고 본다.

'참다운 지식'의 발견자는 자칫 독단적이고 독선적인 신념가로 발전할 수도 있다. 이를테면 히틀러의 극우적 민족주의 같은 것은 그의 광적인 신념에서 나온 것이다. 그런 그릇된 신념은 곧바로 그릇된 실천으로 이어져 희대의 홀로코스트를 단행하게 만들었다.

◈

21세기를 맞이한 인류는 이제 정신적 관념에서가 아니라 육체적 감각에서 인간의 본질과 우주의 본질을 캐내려고 노력하고 있다. 합리적 판단보다는 감각적 판단이 훨씬 더 진실에 다가갈 수 있다.

2

초인(超人)이 되기를 꿈꾼 과대망상가 니체

니체는 먼저 모든 '19세기적 가치'의 전복을 꾀하고 있다. 주된 목표가 되는 것은 '형이상학'과 '기독교'이다. 그가 쓴 『안티 크리스트』라는 저서는 반(反)기독교 사상으로 가득 차있다. 포이어바흐의 『기독교의 본질』에 이어 니체는 두 번째로 기독교의 미신성(迷信性)을 공박하고 있는 것이다. 그러나 아이러니컬하게도 니체의 저서들을 보면 니체가 예수 흉내를 내고 있다는 것을 알 수 있다.

니체는 20대 이후부터 평생토록 질병에 시달렸다. 그가 걸린 질병은 다름 아닌 '매독'이었다. 1942년에 페니실린이 개발될 때까지 유럽 지식인과 예술가들을 가장 괴롭힌 질병은 폐병과 매독이었다.

니체뿐만 아니라 여러 예술가들이 매독에 시달렸다. 오스카 와

일드, 빈센트 반 고흐, 모파상, 로트렉, 보들레르, 슈베르트 등이 그랬다.

◈

나는 사실 니체가 쓴 책들을 별로 좋아하지 않는다. 너무나 난삽하고 무질서한 문체로 씌어 있기 때문이다. 그러나 그가 매독 환자였다는 사실을 알고 나서부터는, 니체가 그토록 난삽하고 중언부언하는 문체로 글을 쓸 수밖에 없었다는 사정을 이해하게 되었다.

◈

니체는 천재적인 두뇌를 소유한 사람이었다. 20대 중반의 나이에 고전문헌학 교수가 됐을 정도로 그는 명석한 두뇌를 가졌다. 하지만 그는 교수가 된지 8년 만에 교수직을 사임하게 되는데, 그 이유는 그의 건강 상태가 악화되었기 때문이다. 그를 가장 괴롭힌 증상은 지독한 복통과 두통이었다.

◈

매독균은 잠재기를 거쳐 뇌 속으로 옮겨가는데, 그런 상태의 매독을 '뇌 매독'이라고 부른다. 뇌 매독이 가져다주는 괴이한 증상은, 그 병에 걸린 사람의 두뇌를 비상한 영감과 직관력을 가진 천재로 만든다는 점이다. 니체가 폭포수를 쏟아내듯 다양한 내용의 아포리즘을 쏟아낸 것과, 화가 빈센트 반 고흐가 자살하기 직전의 몇 년 동안 엄청나게 많은 그림을 남겨놓을 수 있었던 것은 뇌 매독 때문이었다.

◈

빈센트 반 고흐는 결국 정신병에 걸려 병원에 입원해 있다가 충동적으로 자살했고, 니체 또한 최후의 10년간을 정신병 환자로 살았다. 그가 10년이나 생명을 연장시킬 수 있었던 것은, 그의 누이동생이 성심껏 그를 간호해줬기 때문이다.

◈

니체가 남긴 저서들은 여럿 있지만, 조리 있게 서술된 책은 한 권도 없다. 모두 다 중언부언의 넋두리로 시종한 것들이기 때문이다. 그의 사상을 그래도 꽤 체계적으로 정리해 놓은 책은, 그가 죽은 뒤에 유고를 편집하여 출간한 『권력에의 의지』이다.

『권력에의 의지』는 니체의 유고들을 니체의 누이동생과 니체의 친구가 정리하여 출간한 책이다. 니체 자신이 정리한 원고가 아니기 때문에 정리할 때 가필 · 정정했다는 의심을 사고는 있지만, 그래도 니체의 사상을 가장 요령 있게 압축해 놓은 책이라고 할 수 있다.

◈

니체의 사상은 사실 철학서라기보다는 예언서에 가깝다. 그리고 표현양식은 산문이라기 보다는 시에 가깝다고 볼 수 있다. 그가 생전에 출간한 책들 가운데 대표작으로 꼽히는 것은 『차라투스트라는 이렇게 말하였다』인데, 니체는 그 책 안에서 오만방자한 선지자의 태도로 어리석은 백성들에게 시적(詩的) 비유를 동원해가며 설교를 해대고 있다. 그는 "신(神)은 죽었다"라는 파격적인 선언을 했지만 자기 자신이 '신의 아들'이라는 착각 속에서 평생을 살아간 사람이었다.

◈

니체는 먼저 모든 '19세기적 가치'의 전복을 꾀하고 있다. 주된 목표가 되는 것은 '형이상학'과 '기독교'이다. 그가 쓴 『안티 크리스트』라는 저서는 반(反)기독교 사상으로 가득 차있다. 포이어바흐의 『기독교의 본질』에 이어 니체는 두 번째로 기독교의 미신성(迷信性)을 공박하고 있는 것이다. 그러나 아이러니컬하게도 니체의 저서들을 보면 니체가 예수 흉내를 내고 있다는 것을 알 수 있다.

◈

니체가 형이상학 중심의 철학에 대한 대안으로 제시한 것은 '삶의 철학'이었다. 말하자면 허황된 공리공론에서 벗어나 인생살이에 필요한 실질적인 철학을 해보자는 것이다. 그러나 그가 보기에 이미 스러져가는 황혼과도 같은 당시 유럽의 비극적 상황은 그의 철학을 '허무주의'로 이끌어갈 수밖에 없었다. 그러고 나서 니체는 유럽적(的) 허무주의를 철학적 허무주의로 확산시켜 '서양 철학의 종말'을 예견했다.

니체의 그러한 생각에 가장 큰 영향을 미친 선배 철학자는 쇼펜하우어이다. 그런데 쇼펜하우어는 불교철학에서 많은 영향을 받았기 때문에, 두 사람 다 '생(生)의 허무'를 자각한 사람들이라고 볼 수 있다.

◈

니체는 서양 철학의 종말과 함께 서양 문명의 종말 또한 예견했다. 슈펭글러가 『서양의 몰락』에서 쓴 것처럼, 니체 역시 서양적 가치가 필연적으로 몰락할 것으로 내다보았다. 그의 이런 예견은 그가 죽은 1900년 이후 14년 만에 제1차 세계대전이 발발함으로써 구체적으로 맞아 떨어지게 된다.

◈

니체가 쇼펜하우어의 영향을 받은 건 사실이지만, 불교철학에서처럼 '피안(彼岸)의 경지'에 대한 기대감을 품은 것은 아니었다. 그는 어디까지나 '이 땅 위의 실상(實相)'에 관심을 가졌던 사람으로서, 니체가 발견한 '이 땅 위에서 존재할 이유'는 '권력에의 의지'였다. 그리고 마땅히 권력을 가져야 할 사람, 그래서 어리석은 백성들 위에 군림해야 할 사람을 상정(想定)하여 그런 사람을 '초인(超人)'이라고 불렀다. 이런 생각의 밑바탕에는 자기가 하늘에서 보낸 진짜 천재라고 확신한 니체의 안하무인적인 오만방자함이 깔려 있었다.

니체에게 있어 '권력에의 의지'는 '새로운 가치'가 될 수밖에 없었고, 그런 확신 속에는 범인(凡人)은 다 죽어도 좋다는 무시무시한 저주가 암암리에 포함돼 있었다.

니체의 이러한 사상이 직접적으로 적용되고 실천된 것은 제1차 세계대전 후에 등장한 독일의 독재자 히틀러에 의해서였다. 히틀러는 민족 또한 우월한 민족과 열등한 민족이 따로 있다고 믿어, 게르만 민족이 바로 '초인'의 반열에 들 수 있는 최고로 우수한 민족이라고 확신했다. 그리고 히틀러 자신 또한 '초인'이라고 굳게 확신했던 것이다.

히틀러가 유대인 600만 명을 학살하는 만행에 이론적으로 도움을 준 사람은 다름 아닌 니체였다. 히틀러는 니체를 숭배했고, 그때까지 살아 있던 니체의 누이동생을 극진하게 대접했다.

그러므로 내가 보기에 니체는 '나쁜 놈'이지 '천재'는 아니다. 요즘까지 계속되고 있는 니체에 대한 이상한 숭배는 사람들이 다 권력을 꿈꾸고 있어서 그런 것 같다. 말하자면 니체가 '자기변명'의 구실을 주고 있는 것이다.

니체는 '사랑하는 남녀 간의 순결'을 비난하였다. 그 이유는

'방탕'을 좋아해서가 아니라 '욕망이 없는 사람'을 혐오했기 때문이다. 성욕 또한 욕망의 범주 안에 들어가는 것이므로, '정신적 사랑'이란 존재할 수 없다고 본 것이다. 이런 생각은 나아가 "초인이 욕망하는 것은 무엇이든 선한 것이다"라는 생각으로 발전하여, 뒤에 가서 히틀러의 야망을 고무시키는 역할을 했다.

◈

니체는 또한 사람들이 갖고 있는 '병적(病的)인 양심'을 비판했는데, '악(惡)'이란 다른 게 아니라 '병적인 양심을 가진 자들만이 두려워하는 것'이라는 이유에서였다. 말하자면 '절대 악(惡)'은 없다는 얘기다. 권력을 강렬하게 추구한다는 것 자체가 악이 아니라는 의미로도 읽히고, "수단방법을 가리지 않고 권력을 획득해도 괜찮다"는 의미로도 읽히는 언명이다. 그러니 니체의 사상이 당시 유럽 각국의 식민지 쟁탈전을 고무시켜줬을 건 뻔한 일이다.

◈

니체의 사상은 또한 당시 화제가 되고 있던 다윈의 진화론에서 강한 영향을 받았다. 니체의 관심을 끈 것은 진화론 중에서도 '자연도태설'이었다. 약자는 자연도태 되는 것이 당연하다는 논리이다. 이것은 일종의 '강자(强者) 본위주의'로서, 자연현상을 실존적 시각으로 바라본 것까지는 좋았지만 '전쟁'이라는 엄청난 죄악을 합리화 시켜주는 이론이기도 했다.

◈

요컨대 니체는 종래의 도덕을 전면적으로 배척하여 일체의 가치전도를 꾀해야 한다고 주장한 것이다. 그에게 있어 휴머니즘이나 연민의 정(情)은 위선이 되고 신(神)에게 복종하는 것은 비굴함의 표시가 된다. 그가 가장 증오했던 대상은 낡은 도덕주의였던 것이다.

◈

니체는 또한 귀족정치를 옹호하면서 우중(愚衆)들이 각각 투표권을 갖는 민주정치체제를 비판했다. 플라톤과 비슷한 주장이라고 볼 수 있다. 강자의 논리가 곧 선(善)인 것이며, 타고난 천재들에 의한 독재정치 역시 선(善)이 된다는 그의 논리는, 포퓰리즘이 극성을 부리는 요즘의 정치세태에 대한 경고로 받아들일 수도 있다.

아무튼 니체는 무조건적인 평등주의를 배격했다고 볼 수 있다. 그는 정의의 이름으로 주장되는 '평등'은 오히려 '정의의 종말'을 촉진시킨다고 보았다.

◈

니체의 주장 가운데 유명한 것으로 '영원회귀론'이 있다. 그런데 이 주장은 아무래도 불교에서 빌려온 것이 아닌가 싶다. 그렇다고 해서 '윤회설'을 빌려왔다는 것은 아니고, 불교의 시간관(觀)을 빌려온 것 같다는 얘기다. 니체의 이런 주장에는 기독교에 대한 강한 경멸의 뜻이 담겨 있었다.

◈

알다시피 기독교의 시간관은 '일직선적(的) 시간관'이다. 태초에 하나님이 천지를 창조하고, 그 다음에 메시아 예수가 탄생하고, 마지막에는 예수의 재림과 함께 '최후의 심판'이 일어난다는 것이다.

그러나 불교의 시간관은 시작도 끝도 없는 '원궤도적(的) 시간관' 또는 '순환적 시간관'이다. '시작'을 언제로 삼을지는 각자 마음대로 결정하면 된다.

◈

그렇게 끝이 없이 모든 게 반복하여 순환한다고 치면 생(生)이 괴롭거나 권태로워지지 않을까? 마치 잠을 자지 않고 늘 깨어 있는 상태와 흡사하기 때문이다.

이런 의문에 대해 니체는 '적극적으로 인생을 개척해나가는 초인'이 되면 생(生)은 절대로 괴롭거나 권태롭지 않고 창조적이 된다고 대답한다. 꽤 그럴듯하게 들리는 얘기다.

하지만 나는 불가지론자이기 때문에, 니체의 '영원회귀론'만이 진리가 될 수는 없다고 생각한다. 오히려 '끝(≒죽음)'이 있는 삶이 행복한 삶이라고 보는 것이다. 삶은 오직 고통일 뿐이기 때문이다.

현실의 실상을 보지 못했던 낭만주의자 루소

루소는 또한 인간의 본성은 선하지도 않고 악하지도 않다고 주장하면서, 후천적 환경에 따라 선해지기도 하고 악해지기도 한다고 주장한다. 그런데 문명이 발달하면서 인간은 누구나 다 권력을 추구하게 되었고, 그런 심성이야말로 우리가 사는 세상을 불공정하고 불평등한 '지옥'으로 만들어버린 원인이라는 것이다.

루소는 "자연으로 돌아가라"라고 말한 사람으로 널리 알려진, 18세기 프랑스에서 일어난 계몽주의 사상(운동)의 핵심 인물이다.

프랑스의 계몽주의자들이 주장한 내용은 다음 6가지로 요약될 수 있다. ① 합리적 판단력의 존중 ② 감각과 감성을 중요하게 봄 ③ 유물론과 무신론적 경향 ④ '정신'과 '영혼'이라는 애매모호한 관념의 추방 ⑤ 철학에서 가장 중요한 것은 미신과 유물론 중 한 가지를 선택하는 것 ⑥ 사회주의에 대한 갈망.

◈

프랑스의 계몽주의자들은 이성에 의해 이루어지는 합리적 판단은 존중하면서도 다른 한편으로는 감각과 감성을 중요하게 보았는데, 아무래도 후자 쪽에 더 무게를 두었다. 그래서 철학사가(史家)들은 계몽주의를 낭만주의라고도 부른다.

루소 역시 다른 계몽주의자들처럼 기존 질서에 대해 적의(敵意)를 품고 있었다. 하지만 그는 다른 계몽주의자들과는 달리 유물론을 싫어했고, 인류에 대한 감성적(感性的)인 사랑을 품고 있었다. 그는 보다 나은 세상을 건설하는 일에 있어 이성이 아무런 소용이 없다고 보고, 거기엔 오직 타고난 심성(감정)의 충동적 실천만이 필요하다고 주장했다.

◈

루소가 세상에 이름을 드러낸 것은 그의 저서 『학문 · 예술론』이 히트를 쳤기 때문이다. 이 책에서 그는 모든 학문과 예술은 인간의 악덕(惡德)에서 생겨난 것이라고 주장한다. 이를테면 천문학은 미신적 하늘 숭배에서, 수사학은 세속적 야망에서, 기하학은 물질적 탐욕에서, 물리학은 게으른 자들이 권태감을 이기려고 갖는 사치스런 호기심에서, 도덕철학은 제가 이 세상 누구보다 잘났다고 생각하는 건방짐에서 생겨났다는 것이다.

◈

그러므로 '문명'은 당연히 많은 '악(惡)'을 포함할 수밖에 없으므로, 우리는 한시바삐 과거 원시시대의 순진하고 소박한 심성으로 돌아가야 한다는 것이 루소의 주장이다. "자연으로 돌아가라"는 유명한 언명은 이런 사고방식을 바탕으로 하여 생겨났다.

◈

그 다음에 그는 두 번째 저작물인 『인간 불평등 기원론』을 발표하여 다시 한 번 태고의 원시상태로 돌아갈 것을 강력하게 주장했다. '문명'이란 다른 게 아니라 자연 그대로의 야인(野人) 상태의 인간을 불순하고 악(惡)한 상태로 이행시킨 결과물일 뿐이다. 앞에서 살펴본 장자의 사상과 한통속이라고 볼 수 있다.

◈

루소는 또한 인간의 본성은 선하지도 않고 악하지도 않다고 주장하면서, 후천적 환경에 따라 선해지기도 하고 악해지기도 한다고 주장한다. 그런데 문명이 발달하면서 인간은 누구나 다 권력을 추구하게 되었고, 그런 심성이야말로 우리가 사는 세상을 불공정하고 불평등한 '지옥'으로 만들어버린 원인이라는 것이다.

그러나 루소가 원시상태로 살아갔던 태고의 인간을 가장 행복한 상태의 인간으로 보았던 것은 잘못이다. 원시사회라도 '권력의 추구'는 응당 있게 마련이고, 싸움에서 이긴 우두머리 수컷 하나가 많은 암컷들을 다 성적(性的)으로 독차지하게 된다. 물론 그 뒤에 거대 국가가 생겨나 인간을 여러 계급으로 나누고서 민중들과 노예들을 착취해 나간 것에 비하면, 원시 상태의 인간들이 조금은 더 행복할 수 있었을지도 모르지만 말이다.

우리는 여기서 마치 공자가 늘 옛날 세상(이를테면 '요순'시절)을 그리워한 것과 비슷한 모습을 루소한테서 발견하게 된다. 그러므로 루소는 역시 철없는 낭만주의자일 수밖에 없는 것이다.

◈

루소의 저작들 가운데 가장 큰 영향을 미친 것은 『사회계약론』이다. 프랑스 혁명의 기폭제 역할을 했다고까지 상찬되는 이 책은 다음과 같은 선동적 외침으로 시작된다. "인간은 자유로운 몸으로 태어났지만, 언제 어디서나 쇠사슬에 묶여 있다."

◈

이 책의 핵심사상은 다음과 같은 말로 요약된다.

"우리가 당면하고 있는 문제는 어떻게 하면 원시상태로 돌아갈 것인가 하는 문제가 아니라, 어떻게 하면 민중의 이익을 위해 정부를 통제할 수 있는가에 있다. 이런 위대한 목적의 성취 여부는 민중의 주권을 인정하느냐 안 하느냐에 달려 있다."

그러고 나서 그는 민주정치의 원동력으로 참된 '박애정신'이 필요하다고 강조한다. '박애'는 그 뒤에 일어난 프랑스 혁명 때 혁명세력이 내세운 중요한 슬로건 중의 하나가 된다.

◈

그러나 과연 민중 개개인에게 박애정신이 생기도록 할 수 있는 뾰족한 방법이 나올 수 있을까? 귀족이든 일반 민중이든 모두 다 어떤 형태로든지 간에 '이기적 욕망(욕심)'을 가지고 있다. 그리고 그 욕망은 대개 '육체적 쾌락'에 집중된다.

◈

지금까지 역사를 보면 모든 혁명 뒤에는 혁명 지도자가 잔인한 독재자로 변하는 경우가 많았다. 프랑스 혁명 이후에도 로베스피에르가 한때 권력의 중심에 서서 '피의 공포정치'를 펼쳐나간다. 물론 그가 얼마 후 곧 실각해버리고 단두대에 서게 되었지만, 그런 혁명세력들에 대한 민중들의 실망은 곧바로 나폴레옹의 제정(帝政) 복귀를 환영하게 만들었다. 또 레닌의 러시아 혁명 때도 1,000만 명이나 되는 희생자가 필요했다. 정치는 '낭만정신'만 갖고서 되는 게 아닌 것이다.

◈

루소는 특히 종교에 대해 어정쩡한 입장을 취했는데, 종교의 폐해에 대해서만은 입을 다물었기 때문이다. 물론 그가 상당히 진보적인 종교관을 갖고 있기는 했다. 우선 신앙생활에 있어 이성보다는 감성이 더 중요한 역할을 한다고 보았고, 자연재해와 신(하나님)의 분노를 연결시킬 필요가 없다고 했다. 그리고 자연 재해에 대해 신이 책임질 필요도 없다고도 말했다. 그러면서도 예수는 분명히 신(神)이라고 주장했으니, 그의 종교관은 참으로 아리송하기 그지없다.

◈

또 하나의 중요한 저서로 루소 자신이 대표작이라고까지 말했던 교육 이론서 『에밀』이 있다. 소설 형식으로 쓰인 이 책이 목표했던 바는 '인간의 본성이 착하다(善하다)는 것'을 철학적으로 입증하는 것이었다. 이는 흡사 맹자의 성선설을 연상시킨다. 루소는 원래 그렇게 착하게 태어난 인간이 사회생활을 해나가면서 타락하게 된다고 주장한다. 마치 노예처럼 악덕의 쇠사슬에 묶여 있는 상태가 바로 '어른'의 상태이다. 그들은 법(法)을 핑계로 삼는 권력자들에게 지배되는 노예 상태로 인생을 살아간다. 그런 폐해를 해결하려면 정치와 도덕이 손을 잡아야만 한다.

참으로 공상적인(또는 낙관적인) 해결책을 루소는 제시하고 있다. 내가 보기에 정치와 도덕은 결코 손을 잡을 수 없다. 정치권력은 언제나 도덕을 짓밟고 난 연후에야 생겨나기 때문이다. 내가 보기엔 루소의 무사태평한 낙관론보다는 차라리 아나키즘(무정부주의) 이론이 인간을 정치적 압제로부터 해방시켜 줄 것 같다.

◈

아이러니컬하게도 루소 자신은 자식의 교육에 도덕적이지 못했다. 그는 다섯 명의 자식을 낳았는데, 모두 다 고아원에 맡겨버렸기 때문이다. 그는 『고백록』에서 그렇게 할 수밖에 없었던 이유는 아내가 교양이 없었기 때문이라고 변명한다. 말하자면 마누라가 자식을 잘 기를 수 없었다는 것이다. 하긴 루소의 아내가 하층계급 출신이긴 했다. 하지만 이것만 갖고 보더라도 그가 말로만 '공상적 도덕과 이상(理想)'을 외쳐대는 뻔뻔스런 낭만주의자였다는 사실이 드러난다.

◈

루소는 특히 열렬한 연애를 다룬 소설 『신(新) 엘로이즈』를 써서 인기 스타가 될 수 있었다. 그 소설이 베스트셀러가 됐기 때문이다. 낭만적이고 감상적(感傷的)인 내용으로 이루어진 이 소설은, 당시 중류 계급 이상의 독자들에게 '사랑에 대한 낭만적 동경'을 품게 만들었다.

◈

루소가 살았던 18세기에는 19세기처럼 혼외정사나 혼전연애가 금기시되지 않았으므로, 루소는 그의 실제적 삶 역시 한껏 낭만적으로 살아갈 수 있었다. 그가 귀부인들의 총애를 받으면서 정부(情夫) 노릇을 하여 생활비를 벌었다는 얘기는 이미 잘 알려진 사실이다.

◈

루소는 『에밀』을 발표한 후 보수적 성직자들을 분노하게 만들었는데, 그 책의 내용이 당시에 정설(定說)로 굳어져 있던 신 지배론에 반대하고 이신론(理神論)을 주장했기 때문이다. 이신론이란 세계는 신의 지배를 떠나 독자적 법칙에 따라 움직인다고 주장하는 종교론을 말한다.

그 책이 '불온서적'으로 취급되어 사법당국이 루소를 체포하려 했으므로, 루소는 황급히 스위스로 피신하여 거기서 노후(老後)를 보냈다. 그 시절의 한(恨)을 토로해 놓은 책이 바로 『고독한 산책자의 몽상』이다. 이 책은 두서없는 넋두리만으로 채워져 있는 잡문집에 가깝다.

◈

루소가 불을 붙인 '사회개혁에 대한 낭만적 열정'은 그가 죽은 후에 프랑스 혁명이 일어나도록 하는데 일조(一助)하였다. 그러나 프랑스 혁명은 내전(內戰)과 피의 숙청 끝에 민중들의 전폭적 지지를 이끌어내지 못하여 단 10년 만에 끝나고 말았다. 낭만과 현실 사이에는 그만큼이나 간극이 컸던 것이다. 그래서 나는 루소의 사상을 종합하여 그를 '공상적 사회주의자'로 평가하고 싶다. 다른 사회주의자들과 달랐던 점은 루소가 기독교를 포용했다는 것이고, 그런 사실 때문에 그를 평가절하해야 한다고 본다.

◈

무슨 이유를 갖다 대더라도, 나는 모든 혁명은 민중들에게 이익보다는 고통을 가져다준다고 생각한다. 혁명은 엄청난 피의 대가(代價)를 요구하기 때문이다.

◈

프랑스는 영국 등 이웃나라들과는 다르게 100년 동안이나 유혈혁명을 간헐적으로 계속해 나가다가, 19세기 말에 일어난 '파리 코뮌' 사건으로 수많은 사람들을 학살하고 나서야 끝이 났다.

정치에 대한 낭만적 열정은 자칫하면 광란의 유혈극을 초래하기 쉽다. 그래서 우리는 정치에 있어서만은 낭만 정신을 경계할 필요가 있다. 루소의 정치적 낭만정신은 국민들을 현혹시켜 끝없는 피의 희생을 불러왔을 뿐이다.

◈

루소가 단지 문학가로 머물렀다면 프랑스는 좀 더 안정적인 개혁을 점진적으로 이루어 나갈 수 있었을 것이다. 내가 정치적 담론을 문학작품 안에 끼워 넣는 한국 문인들을 싫어하는 이유는 여기에 있다.

◈

루소의 사상이 그의 실제적 삶과 괴리되어 있었다는 것을 잘 보여주는 책은 『에밀』이다. 이 책에서 그는 소년들의 성적(性的) 자위행위가 병이요 죄악이라고 단정 짓고 있다. 그가 소년시절부터 귀족 부인들의 '펫(pet)' 노릇을 하여 학비를 벌었다는 사실에 비추어 볼 때, 그런 주장은 위선적이었다는 것이 드러난다.

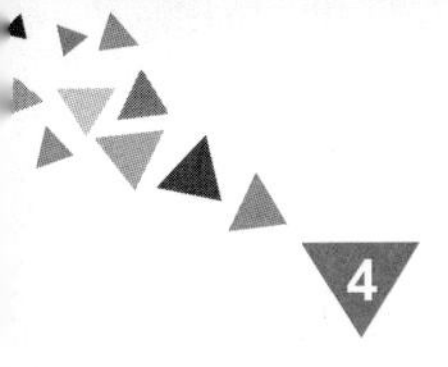

자신이 신의 아들이라고 착각한 **예수**

예수는 당시의 대다수 지식인층에서 볼 때 자기가 '하나님의 아들'이요 '신(神) 자체'라고 주장하는 '미친 사람'으로 보였다. 그래서 그런지 당시의 역사 기록, 예컨대 요세푸스가 쓴 『유대사(史)』 같은 책에서는 예수의 존재조차 언급되어 있지 않다.

우리나라의 옛 기록에 의하면 고구려의 시조 동명왕은 알(卵) 상태로 출생했다고 한다. 그리고 신라의 시조 박혁거세도 알 상태로 세상에 태어났다고 한다. 그런데 이 말을 믿는 사람은 아무도 없다. 그저 신화나 전설에 불과하다고 말한다.

예수는 위의 두 사람과 비슷한 시기에, 섹스를 전혀 하지 않은 동정녀 마리아에게서 태어났다고 『성경』에 기록돼 있다. 성령이 마리아에게 임하여 예수를 탄생시켰다는 것이다. 그런데 기독교도들은 이 말이 신화나 전설이 아니라 진짜라고 믿는다.

◈

정말 이상하지 않은가? 섹스 행위를 하지 않고서도 사람이 태어날 수 있다니! 그러므로 예수의 참 모습을 보려면 그가 혼전(婚前) 임신에 의해 세상에 태어난 평범한 인간에 불과하다는 사실을 인정해야만 한다.

◈

또한 『성경』은 예수가 죽은 뒤 3일 만에 부활했다고도 말한다. 기독교도들은 이런 전설을 곧이곧대로 믿는다. 어떻게 사람이 죽은 뒤에 부활할 수 있단 말인가? 난센스 중의 난센스다.

◈

그래서 소설 『다빈치 코드』를 쓴 댄 브라운 등 여러 사람들은 예수가 십자가에서 완전히 죽은 것이 아니라 다만 가사상태에 빠졌을 뿐이라고 주장한다. 이런 주장을 뒷받침하는 여러 문헌들도 많다.

하지만 그런 주장을 하는 기독교 교파가 있다면 그런 교파는 곧바로 '이단'으로 찍혀 '사이비 종교' 딱지가 붙는다.

◈

따지고 보면 예수가 설파한 새로운 교리도 유대교 입장에서 보면 '이단'이었다. 그래서 당시 유대교 지도자들은 예수를 사형시킨 것이다. 개신교도 가톨릭 입장에서 보면 '이단'이다.

그래서 나는 기득권을 가진 종교지도자들이 새로운 교파를 무조건 '이단'으로 몰아붙이는 것이 우스꽝스럽게 보인다.

◈

만약 당신 앞에 누군가가 나타나, "내가 길이요 진리요 생명이다. 나로 말미암지 않고서는 천국에 들어갈 수 없다"고 말한다면 당신은 그 사람을 미친 사람으로 취급할 것이다.

◈

예수도 당시의 대다수 지식인층에서 볼 때 자기가 '하나님의 아들'이요 '신(神) 자체'라고 주장하는 '미친 사람'으로 보였다. 그래서 그런지 당시의 역사 기록, 예컨대 요세푸스가 쓴 『유대사(史)』 같은 책에서는 예수의 존재조차 언급되어 있지 않다.

◈

요즘도 이른바 '사이비 종교'의 교주 말을 믿고 따르는 사람들은 최하층 계급이거나 무식한 사람들이다. 예수의 경우도 그랬다. 그의 제자들이나 그의 언변에 빨려 들어간 사람들은 대체로 무식한 사람들이었다. 예컨대 제1대 교황으로 모셔지는 베드로가 그렇다.

◈

프랑스의 진보적 신학자 에르네스뜨 르낭은 『예수의 생애』라는 책에서, 예수의 동정녀 잉태나 병을 고쳐준 기적, 죽은 뒤의 부활 같은 것은 모두 신화일 뿐이라고 주장한다. 그런 신화(또는 전설) 등은 모두 예수를 믿고 따른 소수 신도들의 '소망적 사고(思考)'였을 뿐이라는 것이다.

그는 예수가 병을 치료했던 것을 요즘 의학 용어로 얘기하면 '정신신체증' 즉 노이로제를 '플라시보 효과(위약 효과)'에 의해 치료했을 뿐이라고 주장한다.

◈

요즘까지도 '굿'(미신으로 치부되는)에 의해 병이 낫는 경우가 종종 있다. 플라시보 효과 때문이다. 환자가 강력한 신뢰를 가지면 가짜 약을 줘도 병이 나을 수 있다. 르낭이 지적한 것은 이런 현상을 가리키는 것이고, 『신약성서』에서는 그런 치료행위를 "귀신을 내쫓았다"고 기술하고 있다.

◈

예수가 자신이 신의 아들이라고 말하면서 처음 전도여행길에 나섰을 때, 예수의 형제들은 그가 미쳤다고 생각했다. 그래서 예수는 "가족관계는 서로 원수로 묶였다"는 요지의 설교를 한다.

◈

예수는 '사랑의 정신'을 가지라고 대중들에게 설교했고, 심지어 "원수를 사랑하라" "왼뺨을 때리거든 오른뺨까지 때리도록 내주어라"라고까지 말했다. 이는 '비폭력주의'를 설파한 것인데, 인간으로서의 예수가 주장한 탁월한 통찰이었다고 볼 수 있다.

◈

그러나 그가 '자신의 재림'이나 '사후(死後)에 가는 천국'을 얘기한 것은, 나중에 가서 모든 기독교도들에게 그릇된 영향을 주어 현세보다 내세를 소중히 여기도록 만들었고, '예수의 재림과 함께 따라오는 원수들에 대한 철저한 보복'을 굳게 믿도록 만들었다.

◈

예수는 자신이 죽은 뒤 얼마 안 있어 세상에 재림할 것이고, 그때 '최후의 심판'이 이루어질 것이라고 장담했다. 그러나 이런 예언은 틀렸다는 것이 금세 드러났다. 그런데도 지금껏 수많은 기독교도들은 그런 '재림의 순간'에 대비하여 온갖 정성과 재물을 쏟아 붓고 있다.

◈

당시 대다수의 유대 민중들은 예수가 실질적 힘을 가진 '정치적 메시아(구세주)'이기를 바랐다. 즉 로마의 압제로부터 조국을 독립시키고, 조국이 세계를 제패하도록 만드는 '슈퍼맨'이기를 바랐다. 그런데 예수가 전혀 정치적 역할을 하지 않고 '사랑의 마음'에 대한 추상적인 도덕적 설교로만 시종하자 다들 대체로 실망하게 되었다.

그래서 예수가 혹세무민한 죄로 사형선고를 받고 나서 '유월절 특사'의 기회가 오자, 그들은 예수를 죽이고 그 대신 강도에 불과했던 죄수 바라바를 사면하라고 외쳤던 것이다.

◈

예수가 진짜 메시아이고 진짜 하나님의 아들이라는 믿음을 적극적이고 이론적으로 세상에 퍼뜨려 성공시킨 것은 순전히 사도 바울의 공로 때문이었다.

바울은 처음엔 예수를 증오한 철저한 유대교도였는데, 어느 날 갑자기 하늘에서 들리는 예수의 목소리를 듣고(아마도 환청이었을 것이다) 급작스레 개종하여 열렬한 예수 추종자가 되었다고 한다. 그의 개심(改心)이 어떻게 그토록 급작스럽게 이루어졌는지는 아직까지도 역사의 미스터리로 남아 있다.

◈

한 개인의 병적(病的) 광기(狂氣)는 그를 천재적 예술가(빈센트 반 고흐의 경우)로 만들기도 하고, 천재적 종교 지도자로 만들기도 한다. 예수는 후자의 경우다.

◈

예수의 가르침은 원시적 공산주의와 맞닿아 있다. 그는 늘 부자들을 혐오하였는데, 그래서 "부자가 천국에 들어가는 것은 낙타가 바늘구멍으로 들어가는 것보다 어렵다"는 비유가 탄생하게 되었다. 그는 부(富)의 재분배 문제에 큰 관심을 기울였던 것이다.

신자유주의의 팽배로 가진 자와 못 가진 자 간의 빈부 양극화가 점점 더 심해져가는 요즘 세태에 비추어 볼 때, 예수의 언명(言明)은 여전히 어느 정도 유효하다.

◈

예수는 또한 "너희가 어린아이같이 되지 않으면 결단코 천국에 들어갈 수 없다"고 거듭거듭 강조했다. 이런 설교 역시 '교육의 때'가 묻지 않은, 다시 말해서 '인위적 도덕 교육이 야기하는 이중적 가치관'의 세뇌를 당하지 않고서, 타고난 본능대로 야하게 살아갈 것을 역설한 것으로서, 지금까지도 여전히 설득력을 갖고 있는 주장이라고 본다.

예수는 조국을 식민통치하는 로마제국보다 오히려 조국에 대해 더 큰 적개심을 갖고 있었다. 그리고 선민의식에 젖어 있는 동포들에게 사해동포주의를 주장하여 유대인만의 민족주의적 쇼

비니즘과 자만심을 버려야 한다고 주장했다. 그가 사해동포주의와 만민평등주의를 주장한 것은 넓은 안목에서 나온 탁월한(당시 유대인들의 사고 구조를 보면) 통찰이었다. 그런데 왜 그는 로마제국보다 조국인 유대나라를 그토록 강하게 저주했던 것일까?

내가 생각하기에 그 까닭이 바리새인들을 중심으로 하는 당시의 종교적 기득권 세력에 대한 예수의 불타는 증오심 때문이었던 것 같다. 그는 썩어 문들어져 가고 있는 조국의 종교가 민중들을 위선의 지옥에 빠뜨리고 있다고 생각했다. 그리고 정치 문제는 그에게 있어 전혀 관심 있는 사안이 아니었다.

여기서 우리는 흔히 외쳐지는 '애국심'과 '민족 중심주의'가 히틀러의 나치즘 같은 괴물을 탄생시킬 수도 있다는 교훈을 얻을 수 있다. 하지만 예수가 정치 문제를 도외시한 것이 오히려 뒤에 가서 정치가 그를 이용하게 만드는 빌미를 제공했다는 것도 알 수 있다.

예수는 자기가 '신의 아들'이라고 천명함으로써 그를 이용하는 기독교 정치세력이 생겨나게 했고, 그것은 또한 1,000년간의 중세 암흑시대를 도래하게 했다. 그리고 중세기를 훨씬 벗어난 지금까지도 예수를 이용하는 갖가지 종교 산업이 민중들을 혹세무민하여 부(富)와 권력을 챙기고 있다. 비록 예수 자신은 그것을 몰랐다고 하더라도 그는 원천적인 책임을 면할 수 없다.

예수를 빌미삼아 만들어진 기독교는 또한 마르크스적 공산주의라는 허황된 유토피아니즘을 낳게 하여 세계를 이데올로기 혁명의 피바다로 만들었다. 그리고 그런 유혈극은 지금까지도 외양을 바꿔가며 계속되고 있다. 이미 죽어버린 예수가 그런 사실을 알 리 없겠지만, 어쨌든 그는 인류 역사에 큰 과오를 끼친 인물일 수밖에 없다. 버트런드 러셀의 말마따나 기독교(그리고 기독교의 형제 종교인 이슬람교)는 인류에게 크나큰 해악을 끼쳤다고 말하지 않을 수 없는 것이다.

5

깨달음의 정체가 아리송한 **석가**

석가가 왕자의 지위조차 걷어차 버리고 왕궁을 나선 뒤, 얼마 안 가서 석가의 조국은 이웃 나라의 침공으로 멸망해 버렸다. 그런 위기 상황에서 석가가 한 일이라곤, 적국의 군대가 쳐들어오는 길 한가운데 앉아 가만히 눈을 감고 명상을 한 것뿐이었다.

석가 사상의 핵심은 '사성제(四聖諦)'와 '중도(中道)'에 있다. '사성제'란 고(苦), 집(集), 멸(滅), 도(道)를 말하는 바, 요약하면 "욕망과 집착을 끊어버려야 생로병사의 고통에서 벗어날 수 있다"는 것이다. 따져서 생각해 보면 대단한 발견도 못되고 아리송한 얘기다.

그리고 '중도'는 신심불이(身心不二)를 말하는 바, 육체적 욕망을 멸시하고 무조건 고행주의로 나간다고 해서 도(道)가 깨쳐지는 건 아니라는 것이다.

◈

그러면서도 석가는 득도한 이후에도 계속 고행주의 비슷한 내용의 설교를 제자들에게 한다. 특히 성욕을 억제하라고 했는데, 한 불경에 적혀 있는 것을 보면 "남자의 성기를 여자의 성기에 삽입하는 것은 흡사 독사의 아가리에 몸 전체를 들이미는 것과 같다"고 하였다.

◈

그래서 불교도는 원칙적으로 섹스를 금해야 하고, 나아가 가정을 버리고 출가하여 수도에 정진해야 한다. 먹는 것은 탁발(걸식)로 해결하고 또한 승단(≒사찰)을 구성하여 집단적인 수행을 도모해야 한다.

◈

석가는 처자식과 아버지와의 인연을 끊고 출가하여 수도하면서 탁발로 연명했다. 그가 어떤 농부의 집으로 가 먹을 것을 달라고 하자 농부는 "당신이 직접 밭을 갈고 농사를 지어 먹을 것을 얻으라"고 빈정거렸다. 그러자 석가는 "나는 당신이 하는 농사보다 더 가치 있는 농사를 짓고 있다. 즉 마음 밭을 갈고 있는 것이다"라고 대답한다.

석가의 추종자들은 이런 대답이 대단히 명철한 지혜에서 나온 명답이라고 말한다. 하지만 내가 보기에 석가가 한 말은 밥을 빌어먹는 것에 대한 뻔뻔스럽기 짝이 없는 핑계에 지나지 않는다.

◈

석가가 왕자의 지위조차 걷어차 버리고 왕궁을 나선 뒤, 얼마 안 가서 석가의 조국은 이웃 나라의 침공으로 멸망해 버렸다. 그런 위기 상황에서 석가가 한 일이라곤, 적국의 군대가 쳐들어오는 길 한가운데 앉아 가만히 눈을 감고 명상을 한 것뿐이었다.

석가가 권유한 대로 국민 모두가 출가하여 탁발승이 되면 그 나라는 어떻게 될까? 우선 섹스 행위가 이루어지지 않아 사람의 씨가 말라버릴 것이다. 그리고 농사 등의 일을 하는 사람이 하나도 없어 거지만 우글거리는 세상이 되고, 나아가 국민 모두가 굶

어죽게 될 것이다.

◈

나는 기독교든 불교든, 신도들에게서 돈을 거두어들이지만 말고 국가에 '종교세'를 반드시 납부해야 한다고 본다. 세상에 세금 안 내고 공짜로 돈만 버는 직업은 있을 수 없다. 한국의 정치인들은 선거 때의 '표'를 의식하여 종교단체의 눈치만 보지 말고, 하루 빨리 종교세를 법으로 규정해 놓아야 한다.

◈

불교에서는 특히 '윤회'를 강조한다. 나는 사람이든 짐승이든 죽으면 끝이라고 생각하는데, 윤회를 과학적으로 증명하는 것을 아직 보지 못했기 때문이다.

사람이 죽어서 다시 태어난다면 인구의 폭발적 증가를 어떻게 설명해야 할까? 예전에 죽은 짐승들 다수가 사람으로 태어났기 때문에 인구가 증가했단 말인가? 도무지 앞뒤가 맞지 않는다.

◈

불교는 윤회론적 인과론에 함몰되어, 현생(現生)에서의 고난

이 모두 전생(前生)의 죄업 때문이라고 주장한다. 그러므로 현재의 고통을 묵묵히 참아나가야 한다는 것이다. 그래야만 내생(來生)에 가서 복을 받게 되기 때문이다. 이래 가지고서야 개인과 사회의 '발전'이 있을 수 없고, 현실의 모든 부조리가 척결될 수도 없다.

◈

모든 종교가 그렇듯이, 불교가 너무 세력을 떨치면 그 나라는 쇠락의 길을 걷게 된다. 고려왕조가 바로 그런 경우였다. 그토록 강대했던 로마제국이 급작스레 멸망한 것도 기독교 세력의 극성 때문이었다. 그리고 조선왕조 역시 유교 때문에 망했다.

◈

고려시대에 몽골이 침입했을 때, 고려 정부가 강화도로 피신하여 한 일이라곤 백성들을 들볶아 「8만대장경」을 만든 것이었다. 그러나 「8만 대장경」을 두 번이나 만들었어도 고려는 결국 몽골에 항복하여 속국이 될 수밖에 없었다.

불교와 기독교는 사실상 교리가 비슷하다. 기독교에서는 성부 · 성자 · 성령의 삼위일체설이 기둥이 되고, 불교에서는 법신(法身) · 화신(化身) · 보신(報身)의 삼위일체설이 기둥 역할을 한다.

◈

불교 교리 가운데 가장 칭찬할만한 것은 '실유불성(悉有佛性: 모든 중생은 다 부처다)'의 교리다. 그리고 '중생'에는 동식물로부터 박테리아 미생물까지 다 포함된다. 진정한 평등의식의 산물이 아닐 수 없다.

◈

살생을 금하여 채식주의로 일관하는 것도 요즘 서구에서 보이는 '육식 위주의 식사가 불러들이는 갖가지 병고(病苦)'에 비추어 볼 때, 건강관리에 큰 도움이 된다.

◈

석가가 태어나자마자 외쳤다고 전해지는 "천상천하유아독존"이라는 말은 뜻이 깊고 유용한 말이다. 이 말은 긍정적 개인주의에 바탕을 두고서, 의타심을 버리고 스스로의 독자적인 삶을 모색해보라는 의미를 담고 있다.

◈

나는 꽤 파란 많은 인생을 살아본 결과, 믿을 것은 오직 나밖에 없고, 우정이든 애정이든 아무것도 믿을 게 없다는 결론에 도달했다.

◈

그러나 역시 불교에는 '말장난'이 많다. 이를테면 선불교의 교조(敎祖)라는 혜능선사의 경우, 깃발이 바람에 펄럭이는 것을 두고 "깃발이 움직이는 것도 아니고 바람이 움직이는 것도 아니고 마음이 움직이는 것이다"라고 말한 것이 그렇다. 내가 보기엔 "바람 때문에 깃발이 움직인다"가 맞다. 선불교의 화두라는 것은 전부 말장난이다.

또한 불교는 차츰 기복(祈福) 종교로 전락해가고 있다. 그건 사실 기독교도 마찬가지인데, 사찰 안에 불교와는 아무런 관련이

없는 '산신각'이나 '칠성각' 같은 예배소를 설치해 놓은 것이 그렇다.

◈

불교가 갖고 있는 장점 가운데 하나는, 기독교의 경우처럼 치열한 '종교 전쟁'의 역사가 없다는 점이다. 절의 주지 자리를 놓고 각목을 들고 육탄전을 벌이는 일은 꽤 자주 일어나지만, 서구의 기독교같이 잔학한 학살을 서슴지 않는 종교 전쟁을 벌인 적은 없는 것이다.

◈

하지만 신도들이 시주한 돈을 갖고 일부 승려들이 포커 노름판을 벌인다든가, 비구승이 몰래 숨겨놓은 여자를 두고 섹스에 탐닉한다든가 하는 비리가 불교엔 많다. 이것은 일부 기독교 지도자들이 자행하는 부정부패와 거의 맞먹는다. 불쌍한 것은 어리석은 신도들이다.

◈

불교 경전들은 지나치게 현학적이고 형이상학적이어서 일반

신도들에겐 거의 무용지물이다. 가장 짧은 경전인 『반야심경』만 하더라도 '공(空)'이니 '색(色)'이니 해가며 현학적인 공리공론으로 일관하고 있다. 불교 유식론으로 가면 그런 난해성이 더욱 심해진다.

그런데도 신도들에게는 어려운 한문 경전들을 무조건 한글 독음(讀音)으로 암송하라고만 한다. 그러다 보니 불교 경전들은 그저 주술적(呪術的)인 역할밖에 하지 못하게 되었다.

◈

불교에도 기독교 같은 허황된 유토피아니즘이 있다. 기독교에서 언젠가 예수가 재림하여 '천년 왕국'의 파라다이스를 펼쳐간다고 믿는 것처럼, 불교에서도 언젠가 미륵불이 강림하여 불국토 낙원을 열어간다는 것이다. 일시적인 진통제 역할을 해줄 수는 있겠지만, 현실의 불합리와 가진 자들의 횡포에 맞설 수는 없게 만드는 마약에 불과하다.

우리나라는 세계에서 유일하게 성탄절과 부처님 오신 날을 국가 공휴일로 정해놓고 있다. 기독교 국가를 표방하는 미국 같은 나라에서 크리스마스 날을 쉬는 거야 어찌 보면 당연한 것이겠

지만, 무신론을 포함하여 다양한 종교가 난무하는 한국에서 두 날만을 국경일로 정했다는 건 난센스 중의 난센스다. 원칙으로 따진다면 두 날 다 국경일에서 제외시켜야 옳다.

◈

석가도 예수와 마찬가지로 차라리 세상에 태어나지 말았어야 했다. 온갖 미신과 착취, 인권유린의 진앙지 역할을 했기 때문이다. 그들의 존재를 어서 빨리 '신화'나 '전설'의 영역으로 돌려보내야 한다. 전두환 군사정권 시절에 기독교와 불교 지도자들은 자주 '국가 원수를 위한 기도회'를 열어 국민들을 우롱하였다.

◈

소설가 김정한이 쓴 단편소설 「사하촌(寺下村)」을 읽어 보면 (토지를 많이 소유한) 일부 불교 사찰들이 소작을 하는 민중들을 얼마나 괴롭혔는지를 잘 알 수 있다.

◈

그 유명한 영화 〈파리에서의 마지막 탱고〉를 연출한 베르톨루치 감독이 만든 불교 영화 〈리틀 붓다〉를 보면 그 내용이 마치 만화 같다. 어쩌면 불교 자체가 한 편의 만화인지도 모른다(기독교 도 그렇다).

내가 가본 어느 사찰의 부처님 상(像) 앞에는 공양의 뜻으로 쌀 포대와 밀가루 포대가 작은 동산만큼 쌓여 있었다. 기복종교로 전락한 불교의 희극이었다.

Part 4

망치를 들자!

: 틀을 깨뜨리기 혹은 틀에 갇히기

보카치오

포송령

사드

빅토르 위고

손문

종교적 위선을 신랄하게 야유한 **보카치오**

『데카메론』에서 가장 돋보이는 것은 역시 '기독교 성직자들에 대한 신랄한 야유'다. 가톨릭 신부가 여신도들과 섹스 행각을 벌이는 것은 물론이고, 수녀원에서도 수녀들이 남자 정원사와 함께 신나는 섹스 파티를 즐긴다. '이게 정말 사실인가?'하고 의문이 들 정도다.

보카치오는 14세기에 활동한 이탈리아 소설가로서, 『데카메론』이라는 옴니버스 연작소설을 발표하여 근대 산문소설의 길을 열어 놓은 사람이다. 르네상스 태동기(胎動期)에 활동한 그는 『데카메론』을 통해 자유로운 연애에 대한 예찬과 유미주의적 세계관을 제시하고, 당시의 종교(기독교)가 보여준 이중적 위선을 신랄하게 풍자하고 야유하였다.

◈

14세기의 서양이라면 악독한 '종교재판'과 '마녀사냥'이 엄존해 있던 시절이었다. 그런데 그런 신권주의(神權主義) 사회에서 외설과 신성모독으로 가득 찬 『데카메론』이란 소설이 법의 제재를 받지 않고 오히려 베스트셀러가 될 수 있었다는 것이 나로서는 신기하기만 하다. 오히려 현재 대한민국의 무분별한 검열(심의)제도가 부끄럽게 느껴질 정도다. 게다가 나는 내 소설 『즐거운 사라』의 '판금조치'와 더불어 '음란물 제조범'으로 몰려 감옥살이까지 했을 정도이니, 한국의 '표현의 자유' 탄압정책에 절로 한숨이 나올 수밖에 없다.

◈

『데카메론』에서 가장 돋보이는 것은 역시 '기독교 성직자들에 대한 신랄한 야유'다. 가톨릭 신부가 여신도들과 섹스 행각을 벌이는 것은 물론이고, 수녀원에서도 수녀들이 남자 정원사와 함께 신나는 섹스 파티를 즐긴다. '이게 정말 사실인가?'하고 의문이 들 정도다.

그 다음으로 주목되는 것은 '남편을 속이고 당당하게 외간남자와 간통을 하는 용감한(?) 아내들'이 많이 등장한다는 것이고, 심지어 부부교환 섹스(스와핑)가 태연하게 저질러지는 얘기까지 나온다는 사실이다.

100가지 이야기로 구성된 이 연작소설에서는 또한 유미주의에 대한 동경과 찬양, 그리고 주로 여성을 대상으로 하는 외모지상주의가 당당하게 모습을 드러내고 있다.

나는 지금 우리나라에서 벌어지는 가장 큰 위선이 '외모지상주의'를 무조건 반박하는 '척' 하는 지식인의 이중적 작태라고 생각한다. 거기에 덧붙여 추가할 것이 있다면 '성적(性的) 쾌감'을 좇아 살아가는 것을 무조건 공박하는 '척' 하는 지식인들의 위선이다.

한국 정부 당국은 시범적으로 집창촌을 몇 군데 때려 부숴 놓고서, 고급 '룸살롱'에서 이루어지는 매매춘이나 음성적으로 이루어지는 매매춘에 대해서는 무심하게 방관하면서 건전한 성도덕을 외쳐댄다. 그야말로 '낮에는 신사, 밤에는 야수' 또는 '낮에는 숙녀, 밤에는 탕녀' 꼴이 아닐 수 없다. 이른바 '야한 밤 문화'가 우리나라처럼 발달한 나라는 세계 어디에도 없다.

그렇게 철통 같은 성적(性的) 이중성으로 뭉쳐진 사회가 바로 우리 사회인데, 그러다 보니 성범죄 발생률이 성 문화에 너그러운(또는 방탕한), 그리고 우리가 '변태 왕국'이라고 조롱하는 나라인 일본의 10배나 되는 것이다.

또한 『데카메론』에서는 '관능적 연애'를 디립다 추켜올리고 있다. 그리고 그런 연애를 실천하는 사람들이 등장하는 얘기가 많이 들어있는데, 반드시 귀족계급만이 아니라 천민계급이나 서민계급도 많이 나온다는 데 특색이 있다. 그야말로 '민주적 인간관'이 소설 전체를 지배하고 있는 것이다.

◈

『데카메론』에는 권선징악의 플롯을 채택하고 있는 이야기가 한 편도 없다. 19세기 유럽 문학을 지배했던 '도덕지상주의'와 '교훈주의', 그리고 '성적(性的) 쾌락의 폄하' 같은 구태의연한 '윤리적 자기검열'을 『데카메론』의 작가는 적극적으로 피해가고 있다. 문학의 역사는 현대로 내려올수록 오히려 '자유로운 성적 쾌락의 추구'를 불결한 것으로 몰아가는 양상을 보여준다. 시대의 변화에 따라 '표현의 자유'가 무조건 신장된 것은 아니라는 사실을 이 책을 읽으면서 절감하게 되는 것이다.

◈

이 소설에서는 사회지도층의 위선과 허위를 낱낱이 발가벗겨 고발한다. 그 밑바닥엔 봉건세력들에 대한 신흥 시민계급의 쌓이고 쌓였던 울분이 깃들어 있다. 지배계급(특히 성직자)의 성적(性的) 타락상을 야유하는 이야기가 많이 나오는 것은, 당시 시민(또는 서민)계급들이 가진 평등사상을 반영한 것이라고 볼 수 있다.

◈

18세기 말에 프랑스에서 일어난 시민혁명의 발원지 역할을 한 것은 루소가 쓴 『사회계약론』같이 딱딱한 사상서가 아니라, 당시 시민계급 사이에서 무서운 속도로 퍼져나간 '포르노그래피'라고 주장하는 학자들이 많다. 성(性)에 눈을 뜨면 자연히 민주의식에도 눈을 뜨게 된다는 이유에서다. 그런 점에서 볼 때 『데카메론』은 중세 봉건주의의 몰락을 가속화시키는 역할을 한 책이라고 생각된다.

◈

우리나라의 경우도 그렇다. 조선왕조 후기에서 말기로 가면서 민초(民草)들에게 봉건적 양반독재에 대한 반발심이 생겨나 잦은 민란이 발생하게 된다. 그런데 그들의 '평등의식'과 '민주의식'에 불을 지핀 것은 정약용이 어려운 한문으로 쓴 여러 정치평론 같은 것이 아니었다. 흔히 '음담패설'로 불리는 언문으로 된 외설적 이야기책들과, 탈춤이나 남사당패 놀이에서 보여주는 걸쭉한 음담(淫談)들이 오히려 여러 민란의 기폭제 역할을 하였다.

◈

『데카메론』에서 작가가 얼마나 짓궂게 당시 기독교의 허구성을 조롱하고 있는가를, 내용 중 한 편의 이야기를 개괄하여 살펴봄으로써 확인해 보도록 하자.

“프랑스 사람들이 샤프레라고 부르는 사람이 있었는데, 그는 세상에 태어나서 갖은 악행을 도맡아 저질러온 파렴치한이었다. 그런데 임종시에 신부님을 거짓 참회로 속였기 때문에, 죽은 뒤 ‘성(聖) 샤프레’라는 성인(聖人)이 되어 오늘날에는 이 성자의 성덕(聖德)을 추모하게까지 되었다. 이 사내는 천국은커녕 지옥에 떨어져야 마땅한 사람이었는데, 혹시 하나님 눈에 천개가 씌워 성자로 보였는지도 모를 일이다. 그가 임종할 때 시침 뺵 따고 하나님의 동정을 사기에 충분할 만큼의 거짓 참회를 연기해냈는지 그 누가 알겠는가. 그러므로 우리도 하나님에게 진지한 척 하면서 죄를 회개하고 소원을 말하기만 하면 반드시 소원을 성취시킬 수 있다.”

◈

『데카메론』에서 이토록 발칙한 종교관과 기독교 풍자가 가능했던 것은, 르네상스 초기에 일어났던 복고주의 사상의 유행 덕분이었다. 르네상스 시대의 최고 관심사는 고대 그리스와 로마가 누렸던 자유로운 성적(性的) 쾌락 추구와 육체중심주의 사상, 그리고 내세의 행복보다 현세의 행복(쾌락)이 더 중요하다는 실용적 쾌락주의 사상이었기 때문이다.

◈

르네상스 시대의 화가들은 비록 기독교 『성서』에서 그림의 모티프를 차용했지만, 벌거벗고 뛰노는 남녀의 누드 그림을 자주 그렸다. 『구약성서』의 내용을 차용한 누드(예컨대 원죄를 짓기 전의 '아담과 이브')를 많이 그렸던 건 물론이다.

◈

그런데 앞서 말했던 19세기로 가면, 인상파 회화의 시조 마네가 〈풀밭 위에서의 점심식사〉라는 그림에서 정장을 차려입은 남자 신사 두 명과 함께 벌거벗은 여자 두 명을 배치해 놓았다는 이유로 '살롱 전(展)'에서 낙선했을 뿐만 아니라 파리 주류 화단의 거센 비난을 받아야만 했다. 프랑스 혁명을 일으킨 나라에서조차 문화예술에 있어 '표현의 자유'의 역사는 오히려 퇴보하고 있었던 것이다.

『데카메론』이 출간되고 나서 얼마 있다가 루터의 '종교 개혁'이 일어났다. 루터는 가톨릭의 부패와 타락을 고발하면서, 그때까지는 성직자들만 읽을 수 있었던 『성서』를 자신이 편이한 문장으로 직접 번역하여, 당시에 새로 발명된 구텐베르크의 인쇄기로 찍어냈다. 그리고 그것을 서민들 모두가 읽을 수 있도록 개방했다. 민중들은 쌍수를 들어 환영했고, 따라서 개신교로 개종하는 평신도들이 늘어났다.

◈

그러나 루터는 곧바로 민중들을 실망시켰는데, 그 까닭은 '루터의 혁명 정신'을 믿고서 봉기했던 독일의 농민반란을 잔학한 방법으로 진압하는 데 찬성했기 때문이다.

◈

개신교는 여러 교파가 생기도록 신앙의 자유를 주었다. 그런데 예를 들어 '칼뱅 교(敎)' 같은 경우엔 구교(舊敎) 시절보다 더 보수적이고 육체 비하적인 계율들로 민중들을 옥죄었고, 그것이 청교도주의로 이어져 숨 막히는 종교 독재(이를테면 미국의 초기 시절 같은)는 물론, 마녀사냥까지도 불사하게 만들었던 것이다(미국 초기 시대에 있었던 '세일럼 마을의 마녀사냥'이 특히 유명하다). 우리는 미국 초기의 결벽증적 종교 독재의 양상을 나다니엘 호손이 쓴 소설 『주홍글씨』를 통해서 잘 알아볼 수 있다.

◈

이런 역사의 흐름에 비춰 봤을 때, 『데카메론』의 자유주의 성향이 현재 더욱 큰 빛을 발하는 것을 잘 알 수 있게 된다. 이를테면 '자유연애 사상' 같은 것은 프랑스의 경우 루소의 소설 『신(新)엘로이즈』로 인해 유럽 전역으로 퍼져나갔는데, 그보다 훨씬 이전에 쓰인 『데카메론』에서는 이미 자유연애 사상을 거침없이 펼쳐 보이고 있다. 더군다나 '육체적 사랑'이 『데카메론』에서 찬양되고 있다는 것은, 시대를 앞서가는 작가만이 보여줄 수 있는 통이 큰 안목의 소산이라 하겠다.

◈

『데카메론』이 출간된 후 어느덧 600여 년의 세월이 흘렀다. 기독교는 서구에서 이미 '문화재' 역할밖에 못하는 구태의연한 종교로 전락해버렸다. 그런데 한국에서는 광신적 기독교가 날로 번창하고 있다. 참으로 안타까운 일이다.

2

중국판 『아라비안나이트』를 탄생시킨 **포송령**

포송령은 학식과 상식이 풍부한 재야(在野) 학자였기 때문에, 놀라울 정도로 수많은 고사(故事)를 이 작품 곳곳에 삽입해 넣고 있다. 그리고 정채(精彩)있는 간결한 문장으로 이야기를 끌고나가 중국 문학 특유의 함축미를 보여준다. 또한 아주 간단한 말 몇 마디로 사물의 실체를 여실(如實)하게 묘사하여 작가로서의 능력을 유감없이 발휘하고 있다.

중국의 문학 작품 가운데 가장 이색적이라는 평(評)을 듣는 것이 청나라 때 작가 포송령(蒲松齡)이 쓴 단편소설집 『요재지이(聊齋志異)』다. 나는 이 소설이 이색적인 소설일 뿐만 아니라 중국 문학사상(史上) 최고의 걸작이라고 생각한다.

◈

이 책 속에는 모두 445편의 길고 짧은 단편들이 작가 자신이 들은 이야기나 직접 경험한 것들을 이야기해 주는 식으로 씌어 있는데, 한마디로 말해 중국판『아라비안나이트』라고 할 수 있다.

◈

이 책은 중국인들의 사고방식과 운명관·내세관(來世觀)·자연관·종교관 등을 알아볼 수 있게 해줄뿐더러, 이야기들이 모두 흥미진진하여 아주 재미있게 읽을 수 있다. 서구문학처럼 작가의 교훈적 잔소리나 지루한 묘사 같은 것들이 전혀 없기 때문에 독자에게 부담감을 주지 않는다.

◈

굳이 서구 문학과 비교한다면, 내용은 다르지만 형식면에서는 내가 최고의 단편소설 작가로 치는 미국 작가 오 헨리의 단편들과 흡사하다. 그리고 문체로만 따진다면 미국 작가 어니스트 헤밍웨이의 '하드보일드'체와도 비슷하다 하겠다.

나는 이 책을 여러 번 읽으면서 동양 문학이 서양 문학보다 한 수 위라는 것을 확신하게 되었다. 다른 건 다 빼놓고서라도, 톨스토이나 도스토옙스키 같은 '종교적 설교'가 전혀 없기 때문이다.

◈

『요재지이』는 일종의 전기소설집(傳奇小說集)이어서, 내용 전부가 신선, 도사, 인간으로 둔갑한 여우, 귀신, 정령(精靈), 이인(異人), 저승세계 등을 소재로 삼아 괴이하고도 에로틱한 이야기를 들려준다. 낭만주의 경향의 소설이자 일종의 공상소설이라 하겠다. 어찌 보면 황당무계한 이야기들이지만 그래서 더욱 독자의 호기심을 충족시켜준다.

◈

그러나 이 책 속에 들어있는 단편소설들은 단순히 귀신이나 여우 등의 기이한 이야기에 그치는 것이 아니다. 독자로 하여금 책 읽기에 몰입하게 만드는 플롯과 문체를 갖추고 있을뿐더러, 인생에 대한 작가의 심오한 관조와 사회 비판을 밑바탕에 깔고 있어 그윽하고 유현(幽玄)한 감동을 선물해주기 때문이다.

◈

포송령은 학식과 상식이 풍부한 재야(在野) 학자였기 때문에,

놀라울 정도로 수많은 고사(故事)를 이 작품 곳곳에 삽입해 넣고 있다. 그리고 정채(精彩)있는 간결한 문장으로 이야기를 끌고나가 중국 문학 특유의 함축미를 보여준다. 또한 아주 간단한 말 몇 마디로 사물의 실체를 여실(如實)하게 묘사하여 작가로서의 능력을 유감없이 발휘하고 있다.

◈

이 소설에서 크게 칭찬할 점은 '이야기의 다양성'이다. 비슷한 형식의 중동 문학인 『아라비안나이트』가 대개 비슷비슷한 이야기로 이어져 있어 지루함을 느끼게 하는 것과 현격하게 대비되는 사항이다.

가장 높은 신분의 사람으로부터 하층 계급의 사람, 그리고 동물 중에서도 아주 작은 개미에 이르기까지, 또한 국화나 동백 같은 식물에 이르기까지 이 소설 안에서는 주인공이 된다. 사람만이 아니라 만물(萬物)에 영(靈)이 깃들어 있다고 보는 자연관과, 인간우월주의가 아닌 만물평등주의가 자못 돋보이는 소설이라 하겠다.

이 소설집에 나오는 이야기들은 청춘남녀의 달콤한 사랑 이야

기로부터, 인간과 여우(사람으로 둔갑한)와의 사랑, 인간과 선녀와의 사랑, 인간(주로 남자)과 꽃의 요정(주로 여자)과의 사랑, 살아있는 사람과 죽은 뒤 귀신이 된 영혼과의 사랑 등, 이색적이면서도 중국 문학 특유의 염정적 요소가 짙은 러브 스토리가 대다수를 차지한다.

◈

이 책은 한마디로 말해서 '도교적(道教的) 정취'가 풍기는 이야기들이 주된 소재 역할을 하고 있다고 볼 수 있다. 이상하게도 이 책에서는 불교적인 설화는 거의 보이지 않는다. 도력(道力)이 높은 고승(高僧)이 나오는 경우는 거의 없고, 도를 닦아 도술을 부릴 줄 아는 도교의 도사(道士)들이 자주 등장하여 초능력을 발휘하는 얘기가 많이 들어 있다. 불교적 윤회 얘기만은 꽤 나온다.

한대(漢代) 이후의 중국은 유교를 국교로 삼았지만, 민간신앙의 주축을 이룬 것은 도교였다. 도교의 특징은, 기독교처럼 사람보다 훨씬 높은 영적인 존재인 '천사' 같은 것이 따로 없고, 평범한 사람도 열심히 도를 닦으면 '신선'이 될 수 있다고 굳게 믿는다는 것이다. 신선이 되면 매일같이 고행만 하고 기도나 드리는 게 아니라, 제왕 같은 사치와 쾌락을 실컷 누릴 수 있다. 꽃같이 아름다운 선녀가 잠자리 시중을 들고, 아무리 마셔도 머리가 아프지 않은 술을 마시면서 매일 밤을 지샐 수 있다.

가끔 여자 신선(예를 들면 달나라에 산다는 '항아') 얘기도 나오는데, 여자 신선 역시 젊디젊은 미동(美童) 등을 거느리고 신나게 육체적 쾌락을 즐긴다.

이러한 경향은 중국인들의 의식 구조가 초월적인 천상(天上) 세계를 동경하는 것에 바탕을 두는 것이 아니라, 현세적 쾌락과 천상의 쾌락을 같은 것으로 보는 '실용적 쾌락주의'에 바탕을 두고 있기 때문에 생겨난 것이다. 또한 서양에서처럼 육체적 쾌락(주로 섹스를 통한)을 전혀 죄악시하지 않았다는 것을 보여준다. 도교에는 기독교에서와 같은 육체적 금욕주의가 전혀 존재하지 않았다.

또한 『요재지이』에는 인어 이야기도 나오고 바닷속 용궁 이야기도 많이 나온다. 용왕과 시녀들은 사람과 똑같은 모습을 하고 있고, 일단 용왕의 초대를 받아 용궁으로 가면 사람도 얼마든지

숨을 쉴 수 있다. 천상세계뿐만 아니라 물속의 세계 또한 지상세계와 똑같다고 본 것이다. 가끔은 지하세계까지도 나와 거기에 신선이 살고 있다는 얘기도 나온다.

◈

사람과 귀신 사이의 우정이나 애정 이야기가 많이 나오는데, 귀신들은 모두 다 무덤 속에 있는 호화스러운 집에서 산 사람과 똑같은 상태로 생활하고 있다. 무덤의 풍수(風水)가 나쁜 경우에는 귀신들이 그렇게 살지를 못하는데, 이것은 묏자리를 중요시했던 중국인들의 전통적 의식 구조를 보여준다. 만약 그것이 사실이라면, 매장보다 화장이 많아진 요즘에는 귀신들이 어디에 살고 있는지 궁금해진다.

지금 중국에서 민중들에게 가장 존경받고 있는 현자는 공자다. 그렇지만 공자를 신(神)으로 보지는 않는다. 지금의 중국인들에게 가장 신적(神的)인 존재로 숭배를 받고 있는 대상은 『삼국지』에 나오는 관우다(서울에도 관우를 모신 사당인 '관왕묘'가 동대문 근처에 있다).

그만큼이나 중국인들은 인간도 신이 될 수도 있다고 굳게 믿었던 것이다. 서울에 있는 관왕묘(동묘)는 조선시대에 중국 정부가 시켜서 만든 것이었다. 기독교에서처럼 신과 인간의 구별이 뚜렷하지 않은 게 중국 민간신앙의 특징이자 도교사상의 특징이라 하겠다.

◈

도교에서도 절대 주재자로서의 신(神)을 상정해 놓고 있기는 하다. '옥황상제'가 바로 그 최고의 절대신이다. 그러나 옥황상제는 마치 입헌군주국의 허수아비 왕과 비슷한 존재로 설정되어 있다. 그 밑에서 일하는 여러 신선들이 실권을 쥐고 있는데, 그들은 사람과 다른 별종이 아니라 도를 닦아 신선이 된 인간들인 것이다. 여기서 우리는 중국인들의 종교관이 인본주의에 뿌리박고 있다는 것을 알 수 있다.

이 단편소설집에서 가장 흥미를 끄는 이야기는 뭐니뭐니해도 찐한 에로틱 스토리들이다. 꽃의 요정이나 하늘에서 내려온 선녀, 또는 죽은 뒤 귀선(鬼仙)이 된 야하디야한 여자들이 나타나 인간세계의 착한 남자를 선택하여 로맨스를 나눈다.

◈

선녀나 요정들은 벼슬이 높거나 신분계급이 높은 남자에게보다, 천한 노동자나 가난한 농부 같은 남자들 중에서 마음씨가 착하고 우직한 남자를 가려내어, 요술로 그를 부자로 만들어 주고 기막히게 에로틱한 서비스를 베풀어준다.

『아라비안나이트』에 나오는 에로틱 스토리의 주인공이 대개 왕자 · 공주들인데 반하여, 『요재지이』에 나오는 에로틱 스토리들은 그와는 정반대로 낮은 신분의 남자들이 선녀 등과 더불어 꿀같이 달콤한 성적(性的) 쾌락을 만끽하는 것으로 되어 있다. 또 선녀나 요정들의 손톱이 모두 다 길디길게 묘사되어 있는 것이 나에겐 흥미로웠다.

중국의 도교사상에서는 기독교나 불교처럼 성(性)을 죄악시하거나 천시하지 않았다. 오히려 신선이 되는 방법으로 일종의 섹스 테크닉인 '방중술(房中術)'의 연마를 권장하고 있다. 그리고 동성애 역시 죄악이나 변태로 보지 않았다는 점 역시 서양보다 월등하게 너그러운 융통성을 가지고 있었다는 사실을 증명해준다. 중국에서 마녀사냥 같은 것은 꿈도 못 꿀 일이었다.

재미있는 것은, 이 책에 나오는 여러 이야기들의 주인공은 대부분 남자로 되어 있지만, 그 남자를 리드하는 것은 모두 여자라는 사실이다. 선녀가 천치 같은 남자에게 내려와 재미있게 섹스하는 방법을 가르쳐주기도 하고, 돈을 많이 벌 수 있는 방법이나 공부를 잘할 수 있는 방법을 가르쳐주기도 한다.

겉으로만 보면 남성 중심주의적 소설이 되겠지만 속을 들여다 보면 여성 우월주의적 소설이다. 이런 점이 『요재지이』를 당대의 여타 소설들과 구별 짓게 만드는 가장 큰 특색이라 하겠다.

또한 이 소설은 호방한 역천(逆天)사상을 보여주고 있어 독자에게 통쾌한 느낌을 선물해준다. 저승사자에게 잡혀갔다가(다시 말해서 죽었다가) 염라대왕을 교묘하게 속이고서 다시 이승으로 돌아오는 이야기가 많이 나오는 것이 좋은 예다.

그리고 저승으로 끌려갔다가 사람들의 수명을 적은 장부에서 자기 수명을 찾아내어 그것을 몰래 고치고(장수하는 것으로) 이승으로 다시 돌아오는 얘기도 많이 실려 있다. 사람에게 부여된 천명(天命)을 태연하게 거부한다는 점에서, 이 소설은 작가의 반(反)종교사상과 인본주의 사상을 여실히 보여준다 하겠다.

3

인간의 가학 본능을 예리하게 간파한 사드

사드가 살았던 18세기 후반에서 19세기 중반까지 사이에, 종교를 단호하게 부정하거나 용감하게 신을 욕하는 사람은 거의 없었다. 그런데 사드는 그의 소설 안에다가 "하나님은 개새끼!"라는 불경한 구절을 거듭 되풀이하여 뱉어놓고 있다. 신권주의(神權主義)가 민중들의 숨통을 막고 있던 당시에, 그의 대담한 반신론(反神論)은 일종의 '휴머니즘 선언'이라고 볼 수 있다. 다만 '무신론'까지 가지 못한 것은 유감이다.

『소돔 120일』이라는 외설적인(?) 소설로 유명한 사드는 사실 소설가이기 이전에 사상가의 면모를 지니고 있는 사람이다. 그는 18세기 후반에 프랑스에서 귀족신분으로 태어나, 처음엔 군인이 되었다가 나중에 소설가가 되었다.

사드는 '사디즘(sadism)' 이라는 성(性)심리학 용어를 탄생시킨 사람이다. 19세기 말의 독일 심리학자 크라프트 에빙은 이성(異性)을 육체적으로 괴롭히거나 정신적으로 모욕을 주면서 성적(性的) 쾌감을 느끼는 성 심리를 '사디즘'이라고 이름 붙였다. 그런 까닭은 사드의 소설이 예외 없이 남자가 여자를 학대하면서 성적 쾌감을 느끼는 내용이었기 때문이다.

사드의 소설로는 『소돔 120일』『규방철학』『악덕의 번영』『사랑의 죄악』『미덕의 불운(不運)』 등이 있는데, 막상 읽어볼라치면 별로 재미가 없다. 모든 소설이 '소설적 스토리로 포장된 사상서'의 성격을 띠고 있기 때문이다. 그의 소설은 성욕을 부추겨 흥분시키기는커녕 하품만 나오게 한다. 사드가 자신의 인간관과 성관(性觀)과 종교관을 소설 중간중간에 끼워 넣어 한바탕 설교를 해대고 있기 때문이다.

그의 사상을 가장 잘 함축하고 있는 작품은 『규방철학』이라고

볼 수 있는데, 소설책 제목에 '철학'이란 말이 들어갔을 만큼 대단히 사변적이고 철학적인 담론이 많이 들어가 있다. 그리고 『소돔 120일』은 그가 주장하는 '사디스틱한 성애(性愛)'를 실천하는 광경들이 파노라마처럼 펼쳐져 있는 소설이다.

◈

특히 『소돔 120일』은 그가 감옥에 갇혀 있을 때 씌어져 한동안 묻혀 있다가, 그가 죽은 후 50여 년이 지난 뒤에 기적적으로 발견되어 화제를 불러 일으켰다. 『규방철학』보다는 소설적 요소가 많아 사드의 대표작으로 꼽힌다.

◈

『소돔 120일』은 20세기 중엽에 이탈리아의 영화감독 파졸리니가 영화화하여 더욱 유명해졌다. 나는 이 영화를 보며 무궁무진한 쾌감을 느꼈는데(내가 사디스트라서), 대다수의 사람들은 이 영화를 보면서 구역질이 난다고 했다.

언젠가 연세대의 영화 동아리 주최로 이 영화를 대강당에서 상영했을 때, 많은 여학생들이 구토를 일으키며 강당을 황급히 빠져나가는 사건이 벌어지기도 했다.

◈

사드의 소설에 등장하는 '가학적인 놀이'로는 채찍질이 제일 많고(그러다가 죽이기까지 한다), 물고문, 똥 · 오줌 먹고 먹이기, 거꾸로 매달기, 똥통에 빠뜨리기, 굶어죽게 내버려두기 등 아주 다채롭다.

사드는 여러 번 감옥살이를 했는데 돈을 주고 창녀들을 사서 채찍으로 계속 때려가지고 죽게 만들었기 때문이다. 그는 사디즘을 '놀이'로만 즐기지 않고 실제 행동으로 옮겼던 것이다.

◈

그는 아내에게도 죽이진 않았지만 가학적인 섹스를 베풀어 수차례나 장모에게 고발되었다. 그가 여러 차례 감옥살이를 한 것은 음란하고 변태적인 소설을 써서가 아니라, 실제적으로 가학적인 행동을 했기 때문이다. 당시에 그의 소설들은 늘 베스트셀러가 되었다.

◈

사드의 사상은 대체로 다음과 같이 요약된다. 첫째, 인간 역시 동물이므로 약육강식의 법칙을 떠나서 존재할 수는 없다. 따라서 가학적인 행위는 악한 것이 아니라 자연스런 본능이다. 최고의 성적 오르가슴은 가학적 섹스에서 온다. 이 세상에 악(惡)은 존재하지 않는다.

둘째, 신(神, 하나님)은 동물들을 약육강식의 아수라장 속에 던져 놓았으므로 천하의 나쁜 놈이요 '개새끼'다.

셋째, 인간으로 태어난다는 것 자체가 불행이다. 그러므로 종족보존(번식)을 위한 섹스(삽입성교)는 절대로 하지 말아야 한다. 그 대신에 '항문 섹스'만 하여 임신도 막고 더 큰 쾌감을 즐겨야 한다.

넷째, 최고의 페티시(fetish, 성적 욕구를 충족시키는 상대방 이성의 신체 부위, 또는 그것과 관련된 물건)는 사랑하는 이성(異性)의 똥과 오줌이다. 그것을 남녀가 서로 먹음으로써 최고의 성적 오르가슴을 맛볼 수 있다.

사드가 주장한 것들 가운데 가장 진보적인(?) 견해로 보이는 것은 '항문 섹스의 권장'이다. 사드 생존시에도 인구 문제는 대단한 골칫거리였는데, 그는 피임을 위한 최선의 방법으로 항문 성교를 추천하고 있다.

최근에 유행하는 성(性) 취향의 추세로 보면, 항문 섹스는 피임 방법을 넘어 정상적 삽입 성교보다 더욱 큰 오르가슴을 맛보게 해주는 섹스 방법이 되어가고 있다. 남성 동성애자들만이 아니라 이성애자들도 항문 섹스를 즐기고 있는 것이다. '비(非)생식적 섹스' 가운데 최고로 즐거운 섹스가 항문 성교로 인식돼가고 있다.

사드가 살았던 18세기 후반에서 19세기 중반까지 사이에, 종교를 단호하게 부정하거나 용감하게 신을 욕하는 사람은 거의 없었다. 그런데 사드는 그의 소설 안에다가 "하나님은 개새끼!"라는 불경한 구절을 거듭 되풀이하여 뱉어놓고 있다. 신권주의(神權主義)가 민중들의 숨통을 막고 있던 당시에, 그의 대담한 반신론(反神論)은 일종의 '휴머니즘 선언'이라고 볼 수 있다. 다만 '무신론'까지 가지 못한 것은 유감이다.

그가 실천으로까지 옮긴 가학적인 섹스는 21세기에 이르러 정신의학계에서 정신병으로 인정되지 않을 만큼 가장 흔한 '비(非)생식적 섹스'가 되었다. 물론 남녀 상호간의 '합의'를 전제로 해야 하지만 말이다. 어쨌든 사드가 주장한 "사디즘만이 최고의 성적 오르가슴을 맛보게 한다"는 원칙은 오늘날 'S·M 섹스'라는 용어로 불리며 점점 더 확산돼가고 있는 것이다. 여기서 'S'는 사디즘의 약자이고 'M'은 마조히즘의 약자다.

후에 가서 프로이트도 사드의 주장을 대체로 인정하며, "남자는 사디즘적 성향을, 여자는 마조히즘적 성향을 가지고 있다"고 기술한 바 있다. 그런데 여성 상위 현상이 두드러지는 21세기에 들어와서는 마조히즘을 즐기는 남성이 증가하고 있는 것이 현실이다.

◈

사드는 또한 인간은 동물과 다른 '만물의 영장'이라는 확정된 진리를 부정하고, 인간 역시 약육강식의 법칙을 피해갈 수 없는 동물에 불과하다고 주장했다. 사드의 이러한 철학적 통찰은, 오늘날의 '생태학적 인간관'을 미리 예견한 것이라고도 볼 수 있다. 인간은 '동물 학대의 권리'를 갖고 있지 못한 존재인 것이다. 그래서 사드는 인간의 실존을 제대로 파악한 실존철학자이기도 하다.

똥과 오줌(특히 똥)을 먹으면서 성적(性的) 오르가슴을 느끼는 '분변(糞便) 기호증'(또는 '분변 페티시즘')은 프로이트가 만년에 가설로 내세운 '죽음에의 욕구'와 관련이 깊다. 사드 이전에도 분변 페티시즘을 즐기는 사람들은 꽤 많았다. 특히 작곡가 모차르트는 분변 페티시즘을 매우 즐겼다고 한다.

◈

똥과 오줌은 음식물이 다 소화되고 남은 찌꺼기로서, 살대로 다 살다가 죽은 시체의 상징물이 된다. 죽음이란 동양적 상징으로 표현하면 '음(陰)'으로서, 생(生)의 욕구의 상징인 '양(陽)'과 더불어 사람의 심리적 균형에 꼭 필요한 요소이다.

우리는 우리가 무심중에 내뱉는 말들 속에 '죽음에의 욕구'가 우리 내면에 잠재해 있다는 것을 알게 된다. 이를테면 "배고파 죽겠다" "죽이게 맛있다" "보고파 죽겠다" "좋아 죽겠다" "미워 죽겠다" 등등.

◈

죽음이란 우리가 고생하며 살아가다가 최후에 도달하게 되는 영원한 휴식처가 된다. 그리고 불안정한 상태로 존재하다가 안정된 상태로 복귀하여 '흙'으로 돌아가는 '귀향(歸鄕)'이 되기도 한다.

그러므로 죽음의 상징인 똥을 맛있게 먹는 행위는 그 사람의 불안한 심리를 가장 평안한 상태로 가라앉히는 역할을 해주는 것이다.

요즘에도 S·M 섹스를 즐기는 사람들은 상대방의 똥과 오줌을 먹거나(마조히스트의 경우) 상대방에게 자기의 똥과 오줌을 먹이기도 한다(사디스트의 경우).

◈

따라서 분변 페티시즘은 정신질환자가 하는 행동이 아니라, 가장 원시적인(가장 순진한) 상태에 있는 어린아이들에게서 흔히 볼 수 있는 천진무구한 행동이라고 할 수 있다. 어린아이들은 똥을 더럽다고 생각하지 않으며, 똥을 만지작거리면서 쾌감을 느낀다.

사드는 프로이트 이전에 그런 심리를 간파하여 소설 속에 삽입시키고 있다. 조금 과장해서 말한다면, 사드는 정신분석학의 선구자라고도 볼 수 있는 것이다.

◈

근본적으로 따져서 악(惡)이란 존재할 수 없는 것이다. 살인이 악이라면 쇠고기 · 닭고기(즉 시체) 등을 먹는 것도 악이 된다. 아니, 쌀을 먹는 것까지도 악이다.

그러므로 인간의 상식적 사고에 비추어 본다면 사드는 순자(荀子)의 '성악설' 쪽에 더 무게를 두고 있는 사상가라고 할 수 있다.

거듭 말하지만 '약육강식'의 원리가 자연계를 지탱해나가는 원리가 될 수밖에 없고, 따라서 우리는(아니 모든 동·식물까지도) 악한 존재이다. 소설 속에 자기를 대입시켜 악한 행동을 당당하게 하면서 쾌감을 느꼈던 사드는, 그런 면에서 볼 때 가장 솔직한 문학가(또는 사상가)라고도 볼 수 있다.

◈

사디즘 얘기를 하면서 마조히즘(masochism)을 빠뜨릴 수는 없다. '사디즘'이란 심리학 용어와 마찬가지로, 마조히즘이란 용어는 심리학자 크라프트 에빙이 19세기 중반의 오스트리아 작가 자허마조흐의 이름에서 따온 것이다. 마조히즘은 사디즘과는 달리 사랑하는 이성(異性)한테서 육체적·정신적인 학대를 받을 때 성적 쾌감을 느끼는 심리를 가리킨다.

자허마조흐가 자신의 경험을 토대로, 주인공 남자가 여자한테서 학대받을 때 성적 쾌감을 느끼는 내용으로 된 소설을 많이 썼기 때문에 그런 심리학 용어가 생겨났다. 자허마조흐의 대표작으로는 『모피(毛皮)를 입은 비너스』가 있다.

프로이트 생시(生時)에는 남자가 주로 사디즘을 즐기고 여자가 주로 마조히즘을 즐겼다. 그런데 거의 비슷한 시기에 활동한 자

허마조흐는 남자인데도 소설 속에서만이 아니라 실제 생활에서도 마조히즘을 즐겼다. 그는 아내에게 자기를 채찍질해달라고 매일 졸라댔다고 한다.

◈

그런데 요즘 서구에서 유행하는 유흥업소인 'S · M 클럽'에서는 주(主) 고객이 남자이고, 그들은 거의가 마조히즘을 즐기러 그런 업소에 찾아간다고 한다. 여성의 사회적 지위가 올라갔기 때문이기도 하고, 사디즘과 마조히즘을 복합적으로 즐기는 사람들이 늘어났기 때문이기도 하다.

◈

그래서 요즘에는 사디즘과 마조히즘을 따로 분리시키지 않고 '사도마조히즘(sado-masochism)'이라고 부른다. 사디즘의 이면이 마조히즘이기 때문이다. 즉 자기 자신을 사디즘적 가학의 대상으로 삼는 것이 마조히즘인 것이다.

◈

마조히즘은 섹스 행위뿐만 아니라 우리의 문화 곳곳에 스며들어 있다. 가장 대표적인 보기가 '종교적 신앙'이다. 특히 기독교에서는 '신에 대한 무조건적 복종'을 신도들에게 요구하는데, 그런 자발적 복종을 통해서 희열을 맛보는 사람들이 바로 열렬한 신자라고 할 수 있다. 이럴 때 신(하나님)은 곧 사디스트가 된다.

인간은 어렸을 때는 부모를 대상으로 삼는 마조히스트였다가, 어른이 되면 자기 자식을 대상으로 삼는 사디스트가 된다. 이것이 바로 모든 가족관계를 비극으로 만드는 심리적 밑바탕이 된다.

4

비현실적인 장발장이라는 캐릭터를 창조한 **빅토르 위고**

『레미제라블』은 사실 권선징악이라는 구태의연한 주제를 가지고 낭만적 휴머니즘을 형상화한 비현실적 소설이다. 개연성이 결여된 구성이 소설 전반을 지배하고 있고, 등장인물들 역시 극도의 선·악 이분법(二分法)으로 나뉘어 있기 때문이다.

서구에 있어 19세기는 '소설의 시대'였다. 18세기까지를 연극과 오페라가 지배한 시기로 본다면, 19세기의 대중적 오락은 소설이 지배했다. 20세기로 넘어가면 소설이 차츰 한물가면서 '영화의 시대'가 된다.

19세기의 서구 소설가들은 대중적 인기를 누렸고, 철학 서적이나 에세이(수필이 아니라)보다 더 큰 사상적 영향을 미쳤다. 우리가 지금 '문호'라 부르며 칭송하는 작가들이 거의 다 당시에 나왔고, 그들은 작가의 역할과 사상가의 역할을 함께 맡았다. 대표적인 예를 들어 보면 찰스 디킨스, 빅토르 위고, 플로베르, 발자크, 에밀 졸라, 스탕달, 톨스토이, 도스토옙스키 등을 꼽을 수 있을 것이다.

이들 중에서 지금까지도 크게 영향을 미치고 있는 작가는 역시 낭만주의의 대표 주자인 빅토르 위고와 휴머니즘 및 사실주의의 대표 주자인 톨스토이일 것이다.

그럼 우선 빅토르 위고를 만나보기로 하자. 위고는 20대 시절에 희곡 『크롬웰』을 썼는데, 거기에 '서문'을 붙이고 있다. 그 '서문'의 내용은 고전주의 시대는 가고 낭만주의 시대가 도래했다는 것이다. 그리고 낭만주의 문학의 특징을 '그로테스크의 미(美)'라고 선언하였다.

◈

‘그로테스크’란 현실을 비틀거나 아름다움의 기준을 비틀어 ‘개성적이고 비현실적인 미학’을 만드는 것을 가리킨다. 말하자면 ‘추악한 아름다움’도 존재할 수 있다고 보는 것이다.

비슷한 시기에 미국에서도 천재 문학가 에드가 앨런 포가 등장하여 괴기스런 전기(傳奇) 소설집을 출간했는데, 그 단편집의 제목이 『그로테스크 앤 아라베스크』였다. ‘아라베스크’는 ‘아라비아 풍(風)’을 뜻하는 말로서, 이국적(異國的)인 세계에 대한 동경을 나타내는 말이다.

포의 소설들은 그가 생존해 있을 땐 전혀 인정받지 못했으나, 그가 죽은 후 프랑스의 퇴폐주의자 보들레르 등에 의해 재평가되어 낭만주의 문학의 정수로 인정받게 된다. 퇴폐주의도 넓게 봐서는 낭만주의에 속하기 때문이다.

빅토르 위고는 시, 소설, 희곡 등 여러 장르에 걸쳐 많은 작품을 썼는데 그 가운데 가장 대중적으로 인기를 끈 장르는 소설이었다. 그는 소설 『파리의 노트르담』 『레미제라블』 『93년』 『웃는 남

자』 등을 발표했는데 그중 지금까지도 가장 많이 읽히는 소설은 『파리의 노트르담(일명 『노트르담의 꼽추』)』과 『레미제라블』이다.

◈

『레미제라블』은 '불쌍한 사람들'이라는 뜻으로, 수차례나 영화화되었고 뮤지컬로도 나왔다. 최근 우리나라에서 상영된 휴 잭맨 · 앤 해서웨이 · 러셀 크로우 주연의 뮤지컬 영화 〈레미제라블〉도 큰 화제를 불러일으켰다. 그러나 원작 소설 내용의 훼손이 심하였다.

◈

『레미제라블』은 사실 권선징악이라는 구태의연한 주제를 가지고 낭만적 휴머니즘을 형상화한 비현실적 소설이다. 개연성이 결여된 구성이 소설 전반을 지배하고 있고, 등장인물들 역시 극도의 선 · 악 이분법(二分法)으로 나뉘어 있기 때문이다.

이 소설에서 주인공 장발장은 가난에 시달리다가 빵 한 덩어리 훔친 죄로 19년간이나 감옥에 수감돼 있다가(도중에 탈출 시도

를 여러 번 해서 형기가 늘어났다) 풀려난다. 그는 전과자를 냉대하는 사회 분위기에 분노하여, 자기에게 친절을 베푼 미리엘 신부(神父)의 은혜를 배반하고 은그릇을 훔쳐 달아난다.

경찰에 붙잡힌 그를 미리엘 신부는 다시 또 구해주고 나서, 자신이 가장 아끼는 은촛대까지 선물로 준다. 그제야 장발장은 증오심만으로 가득 찼던 자신을 회개하고 선한 새 사람으로 거듭나 평생을 선행(善行)으로 일관하게 된다.

◈

단 하루, 단 한 번의 깨우침으로 과연 이러한 개심(改心)이 이루어질 수 있을까? 도무지 믿어지지도 않고 개연성을 느낄 수도 없다. 하긴 그래서 이 소설은 낭만주의 소설일 수밖에 없지만 말이다. 그 이후로 장발장은 성자(聖者) 같은 모습으로 평생을 살아가는데, 현실에서는 도저히 일어날 수 없는 일이다.

게다가 장발장은 벼락부자가 되기까지 한다. 어느 낯선 도시로 간 그는 장신구 구슬 제조방법을 고안해내어(요즘 말로 하면 '발명특허'를 따내어) 큰 공장의 사장이 되고, 거기서 번 돈으로 자선을 베풀어 시장으로까지 추대된다.

소설에서는 이 부분이 아주 짧은 분량으로 서술되어 있다. 도무지 있을 수 없는 일이 일어난 것이다. 해당 전문 분야에서 일해 본 적도 없는 그가 어떻게 갑작스레 발명특허를 따낼 수 있었겠는가? 어쨌든 그래서 이 소설은 공상적인 낭만주의 소설일 수밖에 없다.

◈

장발장은 미리엘 신부와 헤어진 후 무심코 어느 소년의 동전 한 개를 구둣발로 밟는 바람에 절도범이 된다. 그런데도 당시의 법은 전과자가 그런 작은 죄라도 저지르면 종신 징역형을 받게 되었던 모양이다(조금 의심이 가지만).

장발장은 그래서 평생 쫓겨 다니는 신세가 되는데, 그 까닭은 그를 집요하게 추적하는 자베르 형사 때문이다(이 부분도 미심쩍다. 수많은 사건을 다뤄야 할 형사가 경미한 사건을 저지른 혐의자를 평생토록 쫓아다닐 여유와 시간이 있었을까?).

자베르가 하필이면 장발장이 시장으로 있는 작은 도시로 전근을 오게 되고, 장발장은 우여곡절 끝에 자베르에게 체포된다. 그래서 종신 징역형을 언도받고 선박 노동에 동원되는데, 사고로

위장하여 바닷속에 빠져 죽는 체했다가 불굴의 의지로 탈출에 성공한다. 오오, 위대한 장발장! 장발장은 정말 괴력을 가진 슈퍼맨이다.

◈

그 뒤 장발장은 모아 둔 거액의 돈을 찾아가지고 파리로 도망간다. 가기 전에 그는 그의 장신구 공장에서 일하던 불쌍한 여공(女工) 팡틴느의 유언을 이행하려고, 팡틴느가 시골 여관집에 맡겨둔 그녀의 사생아인 코제트를 돈을 주고 되찾는다. 코제트는 공장의 여자직공과 어느 건달 사이에서 태어난 여자아이인데, 천사같이 아름다운 용모와 마음씨를 지니고 있다. 코제트는 좀 너무하다 싶을 정도로 마음씨 착한 절세미녀로 묘사된다. 유전법칙상 그럴 수가 있을까? 정말로 궁금하다.

◈

코제트를 데리고 파리 시내를 산책하던 장발장은, 파리로 전근해와 거지로 위장한 자베르 형사에게 발각된다. 그래서 코제트를 한 팔에 안고서 수녀원의 드높은 담장을 뛰어 넘어(역시 괴력의 사나이 장발장!) 수녀원 안으로 도피한 장발장은 이런저런 절차 끝에 수녀원의 정원사가 되어 10년을 보낸다. 그동안 코제트는 수녀원 부속 여학교를 졸업하여 아리땁고 청순한 2·8 청춘의 처녀로 성장한다. 두 사람은 수녀원에서 나와 평화롭게 살아간다.

◈

그런데 어느 순간부터 장발장의 처절한 고뇌와 갈등이 시작된다. 장발장이 양딸인 코제트를 진심으로 사랑하게 된 것이다. 그런데 그때 코제트는 반체제 운동을 하는 미남 대학생 마리우스를 만나 서로 열렬히 사랑하는 사이가 되어버렸던 것이다!

◈

그때 프랑스는 또다시 시민혁명의 열기에 휩싸이고, 마리우스를 대장으로 하는 청년 데모대가 정부군에 맞서 유혈 투쟁을 벌인다. 그때 자베르 형사는 데모대를 탐지하러 잠입했다가 청년들에게 붙잡혀 사형에 처해지게 된다. 그런데 그때 장발장은 마리우스에 대한 질투심을 억누르고 데모하는 청년들을 돕고 있었다. 자베르가 죽게 된 것을 안 장발장은 오히려 자베르를 도와 그를 살려내어 도망가게 한다(이때부터가 좀 껄끄럽다).

장발장이 자기를 죽일 줄로만 알았던 자베르는 그가 오히려 자기를 구해주자 양심의 가책을 느껴(그것도 갑자기!) 센 강 물속으로 뛰어들어 자살한다(이 소설에서 최고로 껄끄러운 대목이다). 잔인하기만 했던 악인(惡人)이 그토록 급작스럽게 자신의 과오를 뉘우치고 자살할 수가 있을까? 그렇다면 그건 사람이 아니라 빅토르 위고가 만들어낸 인형일 뿐이다.

◈

그러다가 마리우스는 총탄에 맞아 부상을 입고 죽어가는데, 장발장은 또다시 질투심을 억누르고 초인적인 힘을 발휘해 그를 살려낸다. 그리고 이 사실을 코제트는 물론 마리우스에게도 숨긴다. 과연 성자(聖者)다운 행동이다. 그러고는 이를 악물고서 두 사람을 축복하며 결혼시킨다(내가 장발장이었다면 코제트에게 솔직하게 구애하여 결혼했을 것이다. 당시엔 남편과 아내의 나이 차이가 수십 년 되는 일이 흔했다).

이쯤 되면 장발장은 정상적인 사람이 아니라(성욕이 전혀 없으므로) 고자다. 그러다가 그는 더 늙은 후에 성자 같은 모습으로 거룩하게 죽어간다. 그리고 'The End!'

이토록이나 황당무계한 내용으로만 이어지는 『레미제라블』이 150여 년이나 지난 지금까지도 두고두고 읽히는 것을 보면, 사람들은 모두 다 '헛된 희망'의 노예라는 것을 알 수 있다. "언제나 선(善)은 이긴다"라는 거짓말에 희망을 품고 있기 때문이다.

◈

앞서 말했듯이 이 세상은 온통 악(惡)으로 뭉쳐 있다. 내가 살려면 남을 죽여야만 하기 때문이다. 더 따져서 생각해 보면 그건 '악'이 아니라 자연계의 법칙(약육강식)이다. 휴머니즘 · 낭만주의 · 이성 중심주의 · 이데아 · 양심의 존재에 대한 믿음, 이런 것들은 모두 다 헛된 '희망사항'일 뿐이다.

◈

그래서 낭만주의 다음엔(19세기 후반) 자연스럽게 사실주의가 왔다. 사실주의의 시조는 『보바리 부인』의 작가 플로베르이고, 사실주의보다 한층 더 인생에 대해 비관적인 생각을 품는 자연주의를 시작한 작가는 『목로주점』을 쓴 에밀 졸라다.

그러다가 19세기 말이 되면 다시 또 낭만주의와 비슷한 퇴폐주의가 온다. 보들레르의 시집 『악의 꽃』이 대표적인 작품이라고 볼 수 있다. 그로테스크의 미학을 한층 더 심화시킨 셈이다.

문학의 흐름은 언제나 '낭만주의와 사실주의의 교대(交代)'라고 할 수 있다. 말하자면 희망과 절망 사이를 오가는 것이다. 낮과 밤, 생시(生時)와 꿈의 교차라고나 할까.

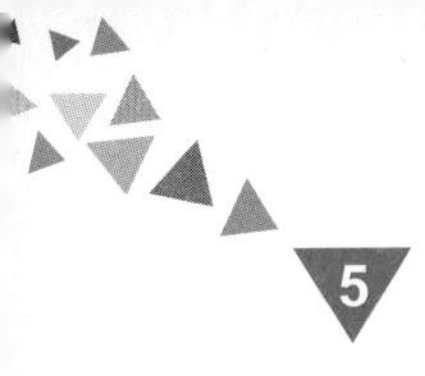

5

'알기는 쉽고 행동하기는 어렵다'를 거꾸로 본 **손문**

우리에게 반드시 필요한 것은 바로 "두고 보자" 정신이다. "두고 보자" 정신은 복수를 맹세하는 의미로 쓰이곤 하는데, 내 생각엔 그 말이 "길게 보자" "천천히 노력해 가면서 느긋한 자세로 성과를 기대하자"의 뜻으로 쓰이는 게 더 옳다고 본다.

나는 20세기 초엽 중국의 혁명가이자 정치사상가인 손문(孫文)이 말했다고 하는 '지난행이(知難行易)'라는 말을 좋아하여 일종의 좌우명으로 삼고 있다.

'알기는 어렵고 행동하기는 쉽다'는 뜻인데, 우리가 보통 상식적으로 생각하는 것과는 정반대의 말을 손문은 우리들에게 가르쳐준 셈이다. 흔히들 '알기는 쉽고 행동하기는 어렵다'고 말하는 것이 보통이기 때문이다.

◈

그러나 나는 내 인생 경험을 통하여 알기는 쉽고 그것을 실천적 행동으로 옮기는 것이 어려운 게 아니라, 오히려 행동하는 것은 쉽고 진리가 무엇인지 알아내는 것이 정말 어렵다는 사실을 점점 더 절실히 깨달아가고 있다. '안다'는 말이 가리키는 것이 단순한 지식의 차원을 의미하는 것이 아니라 인생의 본질, 우주의 본질, 진리의 본질 등에 대한 보다 폭넓고 기본적인, 일종의 근원적 깨달음을 뜻하는 것이기 때문에 더욱 그렇다.

요즘 젊은이들을 보면 너무나 쉽게 실천적 행동으로 뛰어드는 경향이 있다. 비단 젊은이들뿐만 아니라 기성세대에 속하는 사람들까지도, 가만히 앉아 공부와 사색만 하고 있으면 마치 현실을 외면하는 도피적 지식인으로 매도당할까봐 전전긍긍한다. 어떤 종류의 행동이라도 좋으니 남들에게 자신이 어느 정도 '실천적 행동'을 하고자 노력하는 '현실참여적 지식인'이라는 것을 보여주지 못하면, 문화계에서 영영 매장돼버릴 것만 같아 불안감과 강박관념에 짓눌려 살아가는 것 같다.

◈

문학부문에 있어서도 '실천문학' 운동이 일어나 낭만적 서정이나 유미주의를 지향하는 비겁한 문학인에 대한 비판의 소리가 여전히 높고, 미술이나 연극, 음악 등의 분야에서도 '현장성'을 강조하고 현실참여를 주장하는 단체들이 점점 늘어나고 있는 실정이다.

◈

그런데 내가 보기엔 우리나라 예술인들이나 지식인들이 너무 쉽사리 시류(時流)에 휘말려들거나 너무 쉽게 행동(또는 데먼스트레이션)으로 나아가는 것이 아닌가 하는 생각이 들어 오히려 걱정될 때가 많다.

◈

실천적 행동은 물론 중요하다. 그러나 그 행동은 모든 것을 관조하고 사색하는 과정과 긴 고뇌 끝에 얻어진 값진 결단으로서의 행동이 아니면 안 된다. 그래서 젊은 고교생들의 신경질적인 자살이나 이른바 운동권 대학생들의 애국적 신념에 넘치는 자살(예전에 많았다) 등은 보는 사람들을 안타깝게 했고, 그들의 젊은 청춘과 못다 핀 학구열(學究熱)에 대한 아쉽고 애처로운 느낌마저 갖게 만들어주었던 것이다.

◈

인문학자로서의 공자(孔子)는 40세가 되어서야 불혹(不惑)의 경지에 이르렀다고 말했다. 불혹의 경지란 다른 어떤 학설이나 이론에도 현혹되지 않을 만큼 자기 나름대로의 확고한 '앎의 기반(基盤)'을 구축했다는 의미일 것이다.

◈

공자의 기준으로 본다면 우리는 적어도 마흔 살이 될 때까지는 계속 진리를 배우고자 하는 탐구정신을 계속 유지해 나가야 한다는 말도 된다. 인간으로서의 예수가 말한 '진리가 너희를 자유케 하리라'가 아니다. '자유가 너희를 진리케 하리라'가 맞다. 진리(知)를 발견하려면 오랜 기간에 걸쳐 '폭넓게 공부하고 사색할 자유'가 필요하다. 진리의 발견을 위해서는 긴 인내의 시간, 자유로운 방황의 시간을 필요로 하는 것이다.

◈

그래서 나는 이젠 열사(烈士)도 의사(義士)도 요절(夭折)한 천재도 없어져버리는 세상이 왔으면 좋겠다고 생각한다. 우리 사회는 무조건 저돌적인 행동을 보여준 사람들을 지나치게 기리는 경향이 있다.

◈

고뇌하는 인간으로서 참 진리가 무엇인지 알고자 노력하는 자세를 마흔 살까지만 자유롭게 유지시켜 나갈 수 있었다면, 꽃 같은 청춘들의 헛된 죽음은 없을 수도 있었다는 생각이 든다.

◈

5 · 16 쿠데타 이후로 우리나라 정치가들이 보여 준 '하면 된다'는 식의 불도저식 밀어붙이기 정책들이 얼마나 많은 시행착오들을 남겼는지 우리는 잘 알고 있다. 그와 마찬가지로 한 개인에게 있어서도 무분별한 용기와 그에 따른 순간적 행동은 역사의 순탄한 발전에 찬물을 끼얹을 수도 있다는 것을 잊지 말아야 한다.

◈

나는 정치철학이 아니라 인문학적 에세이로서의 『논어(論語)』를 처음 읽었을 때, 맨 첫 장에 나오는 '학이시습지 불역열호(學而時習之 不亦說乎: 배우고 때때로 익히면 기쁘지 아니한가)'라는 말을 보고 적이 실망했다. 너무나 평범한 말이요, 대단한 현자라는 공자의 말치고는 너무나 상투적이고 진부한 설교로 들렸기 때문이다. 그러나 나는 차츰차츰 이 말의 참뜻을 마음속 깊이 새겨가고 있다.

◈

또한 인문학서로서의 『맹자』에 나오는, '소오어지자 위기착야(所惡於智者 爲其鑿也: 참된 지혜를 깨달으려면 한 가지에만 너무 천착해서는 안 된다)'라는 말도 내가 마음속 깊이 새겨두고 있는 글귀 중의 하나다. 한 가지에만 좁고 깊게 파고드는 것도 좋으나, 그렇게 하다보면 편견과 아집이 생기고 융통성이 없어져 원융무애(圓融無碍)한 진리를 발견할 수 있는 기회가 적어진다. 다원주의적 발상을 외면하는 이 시대의 모든 인문학도들에게 꼭 들려주고 싶은 글귀다.

◈

지난행이(知難行易)! 곰곰이 되씹어 볼수록 참으로 옳은 말이다. 무조건 저돌적으로 행동하는 사람보다 차분히 지혜를 연마해 나가는 사람들이 늘어날 때, 우리 사회는 많은 시행착오를 예방할 수 있고, 학문이나 사상 역시 사대주의적 모방에 머물지 않고 '독창'의 꽃을 피워나갈 수 있을 것이다.

◈

위에서 나는 정치가로서의 공자와 맹자가 아니라 인문학자로서의 공자와 맹자 이야기를 하였다. 그런데 두 사람들에게서 안타깝게 느끼는 점은, 왜 사상가나 학자로만 살아가지 못하고 정치참여를 시도하며 평생을 보냈는가 하는 점이다.

지금의 한국도 마찬가지인데, 선거철만 되면 많은 대학교수들이 '학문'에 만족하지 못하고 '정치'의 길을 가려고 아등바등 애쓰는 모습이 내 눈엔 안타깝게 보이기 때문이다.

한국에서 아직도 과학 분야의 노벨상을 받은 학자가 한 명도 나오지 못한 이유는, 정부 당국이나 우리 사회가 기초학문보다 응용학문을 우대했기 때문이다. 기초학문은 진짜 '앎'의 세계로 진입하기가 용이하지 않다. 그러나 응용학문은 짧게 배우더라도 금세 성과물이 가시화될 수 있다. 여기서도 우리는 '지난행이'의 원리가 작동하고 있다는 것을 알 수 있다.

◈

문학창작의 경우, 젊었을 때 유명한 시인이 될 수는 있지만 젊었을 때 유명한 소설가가 되기는 어렵다. 시는 번뜩이는 영감과 감수성만 갖고서도 훌륭한 작품을 쓸 수 있지만, 소설은 오랜 인생경험이 녹아들어가야 하고 거기에다 많은 지식 역시 필요로 하기 때문이다. 좋은 산문 문장 역시 오랜 습작 기간을 거쳐야만 이루어진다.

'아는 것(知)'에 오랜 기간 힘을 들이다가 늦은 나이에 문단에 데뷔하여 훌륭한 소설 작품을 남긴 작가는 많다. 우리나라의 이병주 씨는 다작(多作)으로도 유명한데 그가 문단에 데뷔한 것은 마흔세 살 때였다. 박완서 씨의 경우도 이와 비슷했고, 『돈키호테』로 유명한 스페인 작가 세르반테스가 생애 첫 작품으로 『돈키호테』를 쓴 것은 그의 나이 육십이 넘어서였다.

한국 사람들의 특징적 성격 가운데 가장 으뜸으로 꼽을 수 있는 것은 모든 행동이 빠르고 급하다는 것이다. 이러한 '빨리빨리' 정신이 국가의 선진화를 가능하게도 했지만 그만큼 손해도 많이 끼쳤다.

경부고속도로는 세계에서 제일 빨리 완공된 것으로 유명하다. 그러나 그 이후에 든 보수비는 건설예산의 4배나 되었다.

◈

우리나라는 이상하게도 이른 나이에 요절한 문학가들을 특별하게 대접하는 관습이 있다. 시인으로 치면 이상, 윤동주, 기형도, 김소월 등이 그러하고 소설가로 치면 김유정, 이효석, 나도향 등이 그러하다.

하지만 내 생각엔 그들이 하늘나라로 가서 자기가 죽은 뒤에 유명해진 것을 기뻐하고 있지는 않을 것 같다. 죽으면 모든 게 '끝'이기 때문이다.

그러므로 좋은 작품이나 사색의 성과물을 남기려면 일단 오래 살고 봐야 한다. 이른바 '조숙한 천재'라는 사람들에 대한 열등감을 버려야 한다.

◈

죽을 때까지 공부해도 '진리'라는 것을 깨달을까 말까 한 게 우리네 인생이다. 그래서 나는 예수나 석가가 30대 나이에 '진리'를 깨달았다는 것을 신용할 수 없다.

◈

그래서 우리에게 반드시 필요한 것은 바로 "두고 보자" 정신이다. "두고 보자" 정신은 복수를 맹세하는 의미로 쓰이곤 하는데, 내 생각엔 그 말이 "길게 보자" "천천히 노력해 가면서 느긋한 자세로 성과를 기대하자"의 뜻으로 쓰이는 게 더 옳다고 본다.

◈

사람들의 인생관이나 세계관은 나이에 따라 변해간다. 물론 젊었을 때의 '지조'를 버리고 늙은 뒤에 가서 '변절'하는 경우도 있겠지만, 그보다는 늙은 나이에 가서 '앎'이 활짝 무르익는 경우가 더 많다. 그러므로 우리는 늘 '성급한 행동 표출'을 자제할 필요가 있다.

학자나 사상가가 아니라도, 모든 사람들이 살아가는 궁극적 목적은 '인생의 지혜'를 깨닫는 것이다. '인생의 지혜'는 '우주적 지혜'로 발전하기도 하고 '철학적 지혜'로 발전하기도 한다. 육신이 늙어가는 것을 너무 한탄해서는 안 된다. 육신의 노쇠와 더불어 '지혜의 발전'이 반드시 이루어지기 때문이다.

우리가 '지난행이'의 정신을 체화시킬 수 있을 때, 그때 비로소 참된 지혜의 문이 열린다. 늘 배우는 자세로 살아가는 사람의 삶은 행복한 삶이다.

• 저자 약력 •

1951년 - 3월 10일(음력), 가족이 한국전쟁 중 1·4 후퇴시 잠시 머문 경기도 수원에서 출생. 본적은 서울.

1963년 - 서울 청계초등학교 졸업. 대광중학교 입학.

1969년 - 대광고등학교 졸업. 연세대학교 국문학과 입학.

1973년 - 연세대학교 국문학과 졸업. 연세대 대학원 국문학과 입학.

1975년 - 연세대 대학원 국문학과 졸업(문학석사).

- 방위병으로 군 복무.

1976년 - 연세대 대학원 국문학과 박사과정 입학.

- 이후 1978년까지 연세대, 강원대, 한양대 등 시간강사 역임.

1977년 - 『현대문학』에 「배꼽에」 「망나니의 노래」 「고구려」 「당세풍의 결혼」 「겁(怯)」 「장자사(莊子死)」 등 6편의 시가 박두진 시인에 의해 추천되어 문단에 데뷔.

1979년 - 홍익대학교 국어교육과 전임강사로 취임. 1982년 조교수로 승진.

1980년 - 처녀시집 『광마집(狂馬集)』을 심상사에서 출간.

1983년 - 연세대 대학원에서 「윤동주 연구」로 문학박사 학위 받음. 학위논문 『윤동주 연구』를 정음사(2005년 개정판부터 철학과현실사)에서 단행본으로 출간.

1984년 - 연세대학교 국문학과 조교수로 취임. 1988년 부교수로 승진.

- 시선집 『귀골(貴骨)』을 평민사에서 출간.

1985년 - 문학이론서 『상징시학』을 청하출판사(2007년 개정판부터 철학과현실사)에서 출간.

- 12월에 결혼.

1986년 - 문학이론서 『심리주의 비평의 이해』를 청하출판사에서 출간.

1987년 - 평론집 『마광수 문학론집』을 청하출판사에서 출간.

- 문학이론서 『시창작론』을 오세영 교수와 공저로 방송통신대학 출판부에서 출간.

1989년 - 에세이집 『나는 야한 여자가 좋다』를 자유문학사(2010년 개정판부터 북리뷰)에서 출간.

- 시선집 『가자, 장미여관으로』를 자유문학사에서 출간.

- 5월부터 『문학사상』에 장편소설 『권태』를 연재하여 소설가로서의 활동을 시작함.

1990년 - 1월에 이혼(자식 없음).

- 장편소설 『권태』를 문학사상사에서 출간(2011년 개정판부터는 책마루에서 출간).

- 장편소설 『광마일기』를 행림출판사(2009년 개정판부터는 북리뷰)에서 출간.

- 에세이집 『사랑받지 못하여』를 행림출판사에서 출간.

1991년 - 1월에 이목일, 이외수, 이두식 씨와 더불어 서울 동숭동 '나우 갤러리'에서 〈4인의 에로틱 아트전〉을 가짐.

- 문화비평집 『왜 나는 순수한 민주주의에 몰두하지 못할까』를 민족과문학사(재판부터는 사회평론사)에서 출간.

- 장편소설 『즐거운 사라』를 서울문화사에서 출간.

- 간행물윤리위원회의 판금 조치로 출판사에서 자진 수거 · 절판됨.

1992년 - 에세이집 『열려라 참깨』를 행림출판사에서 출간.

- 장편소설 『즐거운 사라』 개정판을 청하출판사에서 출간.

- 10월 29일, 『즐거운 사라』가 외설스럽다는 이유로 검찰에 의해 전격 구속되어 서울구치소에 수감됨.

- 12월 28일, 『즐거운 사라』 사건 1심에서 징역 8월에 집행유예 2년 판결을 받음.

1993년 - 2월 28일, 연세대학교에서 직위 해제됨.

1994년 - 1월에 서울 압구정동 다도 화랑에서 첫 번째 개인전을 가짐. 유화, 아크릴화, 수묵화 등 70여 점 출품.

- 『즐거운 사라』 일본어판이 아사히 TV 출판부에서 번역 · 출간되어 베스트셀러가 됨.

- 문화비평집 『사라를 위한 변명』을 열음사에서 출간.

- 7월 13일, '즐거운 사라' 사건 2심에서 항소 기각 판결을 받음.

1995년 - ' 즐거운 사라' 필화사건의 진상과 재판과정, 마광수의 문학

세계 분석 등을 내용으로 연세대 국문학과 학생회가 쓰고 엮은 『마광수는 옳다』가 사회평론사에서 출간됨.

- 6월 16일, '즐거운 사라' 사건 대법원 상고심에서 상고 기각 판결 받음. 동시에 연세대학교에서 해직되고 시간강사로 됨.
- 철학에세이 『운명』을 사회평론사(2005년 개정판부터 『비켜라 운명아, 내가 간다』로 제목을 바꿔 오늘의 책)에서 출간.

1996년 - 장편소설 『불안』을 도서출판 리뷰앤리뷰(2011년 개정판부터 제목을 『페티시 오르가즘』으로 바꿔 Art Blue)에서 출간.

1997년 - 장편에세이 『성애론』을 해냄출판사에서 출간.

- 문학이론서 『시학』을 철학과현실사에서 출간.
- 문학이론서 『카타르시스란 무엇인가』를 철학과현실사에서 출간.
- 시집 『사랑의 슬픔』을 해냄출판사에서 출간.

1998년 - 장편소설 『자궁 속으로』를 사회평론사(2010년 개정판부터 『첫사랑』으로 제목을 바꿔 북리뷰)에서 출간.

- 3월 13일에 사면 · 복권되고 5월 1일에 연세대 교수로 복직됨.

- 에세이집 『자유에의 용기』를 해냄출판사에서 출간.

1999년 - 철학에세이 『인간』을 해냄출판사(2011년 개정판부터 제목을 『인간론』으로 고쳐 책마루)에서 출간.

2000년 - 장편소설 『알라딘의 신기한 램프』를 해냄출판사에서 출간.

- 7월에 이른바 〈교수재임용 탈락 소동〉이 국문학과 동료교수들의 집단 따돌림으로 일어나, 배신감으로 인한 심한 우울증에 걸려 2년 반 동안 연세대를 휴직함.

2001년 - 문학이론서 『문학과 성』을 철학과현실사에서 출간.

2003년 - 강준만 외 5인이 쓴 『마광수 살리기』가 중심출판사에서 나옴.

2005년 - 에세이집 『자유가 너희를 진리케 하리라』를 해냄출판사에서 출간.

- 장편소설 『광마잡담(狂馬雜談)』을 해냄출판사에서 출간.

- 6월에 서울 인사동 인사 갤러리에서 〈마광수 미술전〉을 가짐.

- 장편소설 『로라』를 해냄출판사에서 출간.

2006년 - 2월에 일산 롯데마트 갤러리에서 〈마광수 · 이목일 전〉을 가짐.

- 시집 『야하디 얄라숑』을 해냄출판사에서 출간.

- 문학론집 『삐딱하게 보기』를 철학과현실사에서 출간.
- 장편소설 『유혹』을 해냄출판사에서 출간.

2007년 - 1월에 〈색(色)을 밝히다〉 전시회를 서울 인사동 북스 갤러리에서 가짐.
- 시집 『빨가벗고 몸 하나로 뭉치자』를 시대의창에서 출간.
- 4월에 소설 『즐거운 사라』를 인터넷 홈페이지에 올렸다는 이유로 기소되어 벌금 200만 원 형을 판결 받음.
- 7월에 미국 뉴욕 Maxim 화랑에서 〈마광수 개인전〉을 가짐.
- 에세이집 『나는 헤픈 여자가 좋다』를 철학과현실사에서 출간.
- 문화비평집 『이 시대는 개인주의자를 요구한다』를 새빛에듀넷에서 출간.

2008년 - 문화비평집 『모든 사랑에 불륜은 없다』를 에이원북스에서 출간.
- 단편소설집 『발랄한 라라』를 평단문화사에서 출간.
- 중편소설 『귀족』을 중앙북스에서 출간.

2009년 - 연극이론서 『연극과 놀이정신』을 철학과현실사에서 출간.

- 소설집 『사랑의 학교』를 북리뷰에서 출간.

- 4월에 서울 청담동 '갤러리 순수'에서 〈마광수 미술전〉을 가짐.

2010년 - 시집 『일평생 연애주의』를 문학세계사에서 출간.

2011년 - 장편소설 『돌아온 사라』를 Art Blue에서 출간.

- 2월에 〈소년 광수 미술전〉을 서울 서교동 '산토리니 서울' 갤러리에서 가짐.

- 에세이집 『더럽게 사랑하자』를 책마루에서 출간.

- 5월에 〈마광수 초대전〉을 서울 삼청동 연 갤러리에서 가짐.

- 화문집(畵文集) 『소년 광수의 발상』을 서문당에서 출간.

- 장편소설 『미친 말의 수기』를 꿈의열쇠에서 출간.

- 산문집 『마광수의 뇌 구조』를 오늘의책에서 출간.

- 장편소설 『세월과 강물』을 책마루에서 출간.

2012년 - 육필 시선집 『나는 찢어진 것을 보면 흥분한다』를 지식을만드는지식에서 출간.

- 3월에 〈마광수 · 변우식 미술전〉을 서울 인사동 '토포 하우스'에서 가짐.
- 산문집 『마광수 인생론: 멘토를 읽다』를 책읽는귀족에서 출간.
- 장편소설 『로라』 개정판을 『별것도 아닌 인생이』로 제목을 바꿔 책읽는귀족에서 출간.
- 시집 『모든 것은 슬프게 간다』를 책읽는귀족에서 출간.

2013년 - 소설 『청춘』을 책읽는귀족에서 출간.
- 장편 에세이 『나의 이력서』를 책읽는귀족에서 출간.
- 단편소설집 『상상 놀이』를 책읽는귀족에서 출간.
- 문화비평집 『육체의 민주화 선언』을 책읽는귀족에서 출간.
- 소설 『2013 즐거운 사라』를 책읽는귀족에서 출간.
- 장편에세이 『사랑학 개론』을 철학과현실사에서 출간.
- 시집 『가자, 장미여관으로』 개정판을 책읽는귀족에서 출간.
- 『마광수의 유쾌한 소설 읽기』를 책읽는귀족에서 출간.

2014년 - 『생각』을 책읽는귀족에서 출간.

- 2월에 〈마광수 초대전〉을 부천시 '라온제나 갤러리'에서 가짐.
- 옴니버스 장편소설 『아라베스크』를 책읽는귀족에서 출간.
- 『행복 철학』을 책읽는귀족에서 출간.
- 5월에 한대수, 변우식 씨와 함께 〈꿈꾸는 삼총사 전(展)〉을 서울 인사동 리서울 갤러리에서 가짐.
- 『스물 즈음』을 책읽는귀족에서 출간.
- 『마광수의 인문학 비틀기』를 책읽는귀족에서 출간.

마광수의 인문학 비틀기

초판 1쇄 발행 2014년 10월 10일
초판 2쇄 발행 2017년 9월 6일

지은이 마광수
펴낸이 조선우
펴낸곳 책읽는귀족

등록 2012년 2월 17일 제396-2012-000041호
주소 경기도 고양시 일산동구 장백로 19 (백석동, 더루벤스카운티 901호)
전화 031-908-6907 | **팩스** 031-908-6908
홈페이지 www.noblewithbooks.com | **E-mail** idea444@naver.com
트위터 http://twtkr.com/NOBLEWITHBOOKS

책임 편집 조선우
표지 디자인 twoes | **본문 디자인** 아베끄

값 13,000원 | **ISBN** 978-89-97863-28-0 (03100)

이 도서의 국립중앙도서관 출판시도서목록(CIP)은 서지정보유통지원시스템 홈페이지(http://seoji.nl.go.kr)와 국가자료공동목록시스템(http://www.nl.go.kr/kolisnet)에서 이용하실 수 있습니다.(CIP제어번호: CIP2014026787)